増補改訂

「べてるの家」から吹く風

向谷地生良
Mukaiyachi Ikuyoshi

いのちのことば社

推薦のことば

平安女学院大学名誉教授・精神科医　工藤 信夫

本書は、これからの精神保健福祉の分野に画期的なメッセージをもつだけでなく、切り捨てや競争原理でつかれた現代社会に、よき福音をも告げ知らせる実践の書である。〝浦河〟という北海道の過疎地に建てられた「べてるの家」が、今日年間二千人以上の見学者をひきつけているという事実が雄弁にそれを物語っている。

私が『べてるの家の本』（べてるの家の本制作委員会編、一九九二年）に出合ったのは、それが出版されて間もない頃であったと記憶する。一読して私は内心〝ウン、「べてるの家」はきっとそのうち大きな注目を浴びるにちがいない〟と何か鉱床を探り当てたような喜びを感じたことをよく覚えている。というのは、これを支える向谷地生良さんの着想に私はいたく共鳴したからである。

つまり、本書のなかにあるように、私も当時の医療は〝囲〟療（病者を病院に隔離収容する意味）、看護は〝管〟護（管理）、福祉は〝服〟祉（福祉の指導に服従することをよしとする）の風潮にあることにひどく失望し、このバリアが越えられない以上、日本の精神科医療は呉秀三の「この国に生まれたるの不幸」（一九〇〇年）の域から一歩も先に進まないのでないかと思ったからである。

以来二十余年、私は「べてるの家」にずっと注目し、期待を寄せてきた人間のひとりであるが、このすぐれた実践活動は今日、福祉の世界で「医療モデル」から「生活モデル」への変遷として定着してきている。つまり、障害をかかえる人が地域で生活し、働くという当然といえば当然のことである。

本書を読んで、人はたとえ心を病み、かかえたとしても、なお自信と希望をもって生きられる存在であり、階段を上る上昇志向の生き方ではなく、身を低くし、人と世に仕える生き方こそ、人間の本来性であることを再確認するにちがいない。

「べてるの家」を訪れ、その価値観、生き方が一変してしまったという人々は少なくないが、多彩なメッセージをもつ本書は新しい時代の生き方を先取りした希望の書であると言えるだろう。

まえがき

「べてるの家」をもっともわかりやすく言い表すことばは、〝今日も、明日も、明後日も、順調に問題だらけ〟かもしれない。精神障害をかかえながら生きるということは、「暮らす」というあたりまえの現実に対して、人の何倍ものエネルギーを費やし、負担をかかえて生きることを意味する。それは、チェーンのはずれた自転車を当てもなくこぎ続けるような疲労感と、「この世界は自分を必要としていない」という圧倒的な空虚さの渦に本人を巻き込む。

しかも、当事者たちの五感がとらえる現実は、ちょっと違っていたりする。多くの人たちには見えないものが見え、聞こえない声が聞こえ、感じないものを感じ、そしてそれが想像もしなかったものに変容したり、〝歪む〟という現実を生きることを余儀なくされ、それは、時として周囲との摩擦や軋轢《あつれき》を引き起こす。そのため当事者の多くは、長い間、精神科病院という特別な場を終《つい》の棲家《すみか》として生きることを強いられてきた。

しかし、四十年前（一九七八年）、北海道の田舎町、浦河で日高管内（東京都の二・二倍の広さ）のたったひとりのソーシャルワーカーとして私が出会った精神障害をもつ人たちの日常は、そのような困難な状況にありながら実にたくましく、したたかで、毎日が〝可《お》笑《か》しみ〟に満ちていた。そのようなメンバーとの出会いは、いつしかソーシャルワーカーとしての私に課せられた「精神障害者の社会復帰の促進」という期待と役割を、見ず知らずの地で暮らす社会人一年目の「私自身の社会復帰」のテーマとして投げ返してくれた。

ここに紹介したさまざまなエピソードは、「べてるの家」と私の周辺で起きた出来事をつづったものである。「公私混同」とか、「ワーカー、クライエントの関係の逸脱」という巷《ちまた》の風評を聞きながら、まずは、泥水にへたり込んでいる人たちのかたわらに、さりげなくしゃがみ込み、力なくいっしょに困りながらも、あまりの無力さと情けなさに、お互いに顔を見合わせて、思わず笑わずにはいられなくなる瞬間に、人が生きるということの無限の可能性と当事者の力を感じ取ってきた。その一端が、読者に多少でも伝われば幸いである。

特に今回の増補版の出版にあたっては、あらためて字句を整え、新しい情報や理解を加える一方、バングラデシュで、統合失調症をもちながら、閉ざされた環境で暮らす女性のお宅への〝突撃在宅訪問記〟を最後に掲載した（「バングラデシュ〝突撃在宅訪問記〟」、『精神看護』〈医学書院、二〇一四年〉より）。

この訪問記は、バングラデシュのマイメンシンにあるラルシュ共同体で障害者支援活動に従事するＪＯＣＳ（日本キリスト教海外医療協力会）のワーカーである岩本直美さんとの出会いをきっかけに生まれた。アジアでは、数百万人にも及ぶ多くの統合失調症などをもつ人たちが、「忘れられた人々」として〝牢獄〟にも等しい過酷な環境で生きることを余儀なくされている。

「変革は、弱いところ、小さいところ、遠いところから」（清水義晴）ということばが示すように、「べてるから吹く風」が、遠いバングラデシュの地にもそよぎ、これらの交流を通じて、私たち自身がまず、ラルシュに学び、教えられることを通じて、アジアの精神保健福祉の改善に少しでも貢献できればと思う。

「べてるの家」から吹く風　目次

I

弱く、遠く、小さき群れより

書店を散策していると一冊の写真集が目に飛び込んできた。タイトルに興味を引かれ手に取ると、それは中国の精神障害者をルポした写真集（『忘れられた人々――中国精神病人的生存状況』馬小虎著、第三書館）だった。

家のまえの太い木にくくられて日光浴をする男性と、わらを敷いた病院の木製のベッドに横たわるやせこけた女性。村の一角に作られた、精神病をわずらった村人を閉じ込める石窟と、そのまえにたたずむ年老いた夫婦。あかり取りの隙間からは、そこに囲われている子どもの手が何かを叫び求めるかのように突き出ている。

広大な中国のなかで、統合失調症をはじめとする精神障害者が置かれている現状の悲惨さを、モノクロの画面が静かに訴えかける。途方にくれた精神科医は「薬がない」と嘆く。

十億人を超す人口をかかえた中国では、かつて精神病院は体制に従わない政治犯や知識人を収容し、思想改造を迫る装置としても用いられてきた。そして、今も高度経済成長という発展の陰で、精神障害者は「忘れられた人々」として悲惨な状況に置かれている。

しかし、日本の精神科病院の病床数が、その中国をはるかに上回っているという事実は、意外に知られていない。世界の精神科病床の約二割は日本に集中しているといわれている。世界中の国々が精神科病床の削減に取り組むなかで、高度経済成長の足手まといになるといわんばかりに、日本だけが病床を増やし患者を収容し続けてきた。今や入院患者三十三万人のうち、私の感触では六割以上の患者がいわゆる社会的入院――地域に受け皿があればいつでも退院可能な患者――という状況となり、病院は「医師、看護師付きの下宿」と化した。国際的にもWHOから改善を勧告されるほど、大きな社会問題となっている。

一九七八年、北海道浦河町にある病院の精神科病棟「七病棟」専属の新米ソーシャルワーカーとして、私がはじめて現場に足を踏み入れたとき、脳裏に浮かんだのが「医学＝〝囲〟学」「看護＝〝管〟護」「福祉＝〝服〟祉」ということばだった。私の目には、精神科への入院患者は、「囲い」込まれて、「管」理されて、「服」従を余儀なくされる人として映った。

浦河町のある日高地方は、東京都の二・二倍の広さをもちながら、管内人口は約八万人足らずという過疎地域である。当時は、道内で空港からもっとも遠く、失業率、生活保護受給率、そして精神病有病率が際立って高い地域だった。特に病院周辺には、大勢の通院患者が居住し、地域住民とのトラブルも頻発していた。病院のロビーや玄関には、昼間から酒を飲み、酒ビンを枕に酔いつぶれるホームレス同然の人たちがいた。町では、幻覚妄想状態に陥り、警察の力を借りて病院に搬送される患者が相次いだ。

そして、この地域でもっともみじめなことは「七病棟」のお世話になることであり、「七病棟帰り」の人たちを取り巻く地域住民の感情は最悪であった。特にアルコール依存症の背後には、アイヌ民族出身者への差別問題があった。少数民族は、世界中のどこの地域でも、薬物・アルコール依存の問題をかかえている。抑圧された民族は、依存症の世代間伝播をくりかえしながら、民族としての誇りと主体性を失うという危機に遭遇する。

しかも、浦河は、戦前の強制徴用で来道して十勝で強制労働に従事させられた朝鮮人が、戦後、日高山脈を越え、麓《ふもと》のコタン（アイヌ語で集落の意）にかくまわれ、家族を形成してきたという歴史をもっている。そして、二重の差別をかかえながら生きることを余儀なくされてきた。

そのような町の一角に、浦河教会はあった。実は、札幌での学生時代、私はあれほど熱心に足を運んでいた教会に行くことを突然やめたままになっていた。ちょうど、大学三年生の頃だったと思う。教会に行くことをやめた理由は、〝あまりにも楽しく充実していた〟からである。当時の私は、親の仕送りを辞退し、自活を志し、生計を立てるために多感な青春時代を、特別養護老人ホームで寝たきりのお年寄りの夜間介護人の仕事をしながら過ごしていた。さらに、授業と仕事の合間をぬって、難病をかかえる子どもや若者たちのボランティア活動に励んでいた私にとって、〝楽しく充実した時間〟は、単なる負い目でしかなくなっていた。そして、日曜日は、いつしか筋ジストロフィーの青年の車椅子を押して、競馬場に通う日となった。そんな私が浦河の町に暮らしはじめていちばんにしたかったことは、教会を探し、通うことだった。

浦河教会では牧師がいなくなって、すでに六年あまりが経過していた。牧師を受け入れる経済的な余裕もなく、奏楽者もおらず、カセットに録音した説教者の話に耳を立てながら数名の信徒によって礼拝が守られていた。

そんななか、新来会者の私は歓迎された。小さな町である。私が日曜日に教会に通っていることは、多くの人たちの知るところとなった。

この浦河で、最初に退院のお手伝いをしたのが佐々木実さん（現「べてるの家」理事長）であった。彼は統合失調症で七年間入院していた。「向谷地さん、僕も小さい頃は教会学校に通っていたんですよ」と教会をなつかしみ、退院後、浦河教会に足を運ぶようになった。

一九七八年七月に仲間同士で行われた佐々木さんの退院祝いは、当事者の交流活動と共に、現在の「べてるの家」を中心とする精神障害を体験した当事者による地域活動の源流ともいえる集いとなった。そして、次第に浦河教会は、精神科に通院する当事者や家族が集う場となっていった。

牧師のいない浦河教会は、この地域で、もっとも弱く、小さく、遠ざけられ、生きることに困難を強いられていた人たちと出会うなかで、共に悩み、共に孤立し、共に困難を強いられる歩みをたどることになった。地域の悩みが、「教会の悩み」となったのである。

悩む教会

学生時代に通っていた教会での出来事である。日曜日の礼拝中に「新来会者」として三十代と思われる男性が入って来た。週報と聖書、賛美歌を受付で受け取り、座席に着いたが、落ち着かない。ひとり言をつぶやきながら、出たり入ったりしている。そして、礼拝が終わったあとの交わりの時間にも、とりとめのない話を続けて、ひとり浮いている。彼が帰ったあとに、ひとりのベテラン信徒がポツリと語った。「彼は今、このあたりの教会では有名人ですよ。日曜ごとに教会を回って、お金や物を無心しているんですよ。」

それから数日後のことだった。羽田空港の滑走路に不法に侵入し、到着したばかりの外国首脳の乗った専用機に向かって走りだした男性が逮捕された、というニュースが飛び込んできた。それはまぎれもなく彼だった。

今思えば、彼も統合失調症をかかえながら必死に生きようとしていた人間のひとりだったに違いない。

精神障害を「病気」として理解し、偏見や差別をなくそうとすることに異を唱える人はいないだろう。しかし、精神障害には、ほかの病気や障害とは決定的に異なる点がある。それは、人と人との関係という部分にもっとも深刻な影響を与えるということである。その意味で、精神障害は「関係の障害」ともいわれている。

新約聖書の「コリント人への手紙 第一」には、有名な「愛の章」がある。

「愛は忍耐強い。愛は情け深い。ねたまない。愛は自慢せず、高ぶらない。礼を失せず、自分の利益を求めず、いらだたず、恨みを抱かない……」（一三章、新共同訳）。

このことばは、クリスチャンとして生きる者にとって最高の生活指針として定着している。

しかし、精神障害という病は当事者とその周辺に、このことばとまったく正反対の現実を引き起こしていく。忍耐力がなくなり、ひとりよがりの行動が目立ち、いらだつことが多くなり、落ち着かない。そして、「敬虔なクリスチャン」という暗黙の基準からの逸脱者として、叱責や非難の対象となっていく。精神障害に対する誤解や偏見の根本は、この「逸脱」の現実に起因する。

牧師のいない期間が長く、数少ない信徒で仲むつまじく礼拝を守ってきた浦河教会にとっての最初の試練は、そこからはじまった。

地区の諸教会の支えのなかで専任の牧師が与えられ、無人だった牧師館にあかりが灯るようになると、やがて、アルコール依存症である親の暴力から逃れる子どもが飛び込んで来るようになった。礼拝中にひとり言をつぶやき、突然に質問をする人、礼拝中に何度となく出入りをくりかえす人もいた。特に事実上の「共同住居」として利用されていた旧会堂——後のべてるの家——に住むひとりのメンバーは、病的な酩酊《めいてい》をくりかえし、教会の名前を使って無銭飲食を続けた。

お手上げ状態となり、警察の力を借りて病院に連れて行くこともたびたび起きるようになった。教会は、静寂な祈りの場から、喧騒《けんそう》といらだちの場へと変わっていった。仲むつまじかった教会員のなかにも、教会の現状を憂う声が上がりはじめ、地域の非難の声も聞こえてきた。

地域のなかでさげすまれ、遠ざけられている人たちが教会に集うということは、教会、そして教会に連なるひとりひとりが共にその立場に立つことなのだと身にしみてわかった。

私にとってとどめは早坂潔さん（現「べてるの家」代表）との出会いだった。小学生の時に両親が離婚し、母親に引き取られた彼は、中学三年の時に幻覚妄想状態となり、最初の入院を経験した。二度目に入院したときの仲間の紹介で教会に通うようになり、まわりの勧めもあって旧会堂に入居した（一九九三年）。ところが次第に不眠がちとなり、身体がこわばったかと思うと、突然大声を上げてつかみかかってくるようになった。壁をたたき、ガラスを割った。食事をとることも困難になり、体もやせ衰えて再入院となった。入院させるたびに、私たちは自らの対応に落度があるのではないかと自責の念にとらわれていた。私たちは無力だった。

そんなくりかえしの毎日を過ごしながら、相変わらずことばを失い、体は固まり、口は渇き、やせていく彼のまえにへたり込むように座っていた私は、自分自身の鬱々とした感情を吹き払うように、「潔どん！　歌でも歌うか！」と声をかけていた。

すると、彼は自分のなかに何かを探そうとでもするかのように、ゆっくりと目を閉じ、もがくように口を動かした。

「いつくしみ深き　友なるイエスは　われらの弱きを　知りて憐《あわれ》む*……」

彼が歌った！　それは信じられない光景だった。ことばを失った彼が、愛唱の賛美歌を口ずさんだのだ。しかも、力強く……。涙が止まらなかった。私は、いちばんつらかったのは彼自身だということを忘れていたのだ。彼自身がいちばん困惑し、苦悩しているというあたりまえの事実に気づかされたのである。

今まで出合うことのなかった彼らの悩みを共に悩み、共に挫折し、共に戸惑い、無力のなかでただ祈るしかない悩み多い教会の現状のまえにひれ伏したとき、そこには「悩む教会」という新しい可能性と希望が与えられたのである。

＊教会福音讃美歌四三二番「いつくしみ深き」

「アル中になってもいいよ」

北海道日高の浦河町にある浦河教会は、室蘭からえりもまで総延長二百キロ以上にも及ぶ地域で、「共同牧会」という非常にユニークな教会同士のつながりと支え合いによって守られてきた。「共同牧会」とは、地域の諸教会がひとつの身体として一体であるということと、ひとつの部分が病めば、ほかの部分も共に痛みを共有し、支え合うあり方のことである。

共同牧会の支えのなかで浦河教会に選任の牧師が再び与えられたのは、一九八〇年八月のことであった。牧師一家が教会に住むことによって、地域から「幽霊屋敷」と呼ばれていた教会にあかりが灯るようになった。

土地がら、浦河はアルコール依存症の人たちが多く、家庭訪問をすると、焼酎を飲んでわめいている父親のかたわらに、たくさんの子どもたちが共に暮らしている姿が見えた。茶の間で、酒を飲んだ父親が母親とけんかをしていると、奥の部屋で子どもたちが嵐の過ぎ去るのを待っている。そして戸を開けながら、ちらちらとこちらを見ている。訪問先の多くは、アイヌ民族の人たちであった。

近所に住む親戚も同じようにアルコールの問題をかかえていた。そして、その親のもとでたくさんの子どもが暮らしていた。実は、その父親たちも、その祖父たちも同じような境遇で育ってきた。彼らも貧しさとアルコールによる家庭崩壊のなかで、子ども時代を過ごしてきたのである。そのような悪循環のなかに育つ子どもは学力不振になり、情緒不安定になっていた。訪問を重ねるにつれて、たくさんの子どもたちと知り合うようになり、彼らは、浦河教会の古い会堂に間借りしている私の部屋に、休日や学校帰りに遊びに来るようになった。

そこで私は、雨がふれば足もとがぬれる、一万円で買ったポンコツ車から、十年ローンを組み、九人乗りのワゴン車に買い換えた。土曜日になれば、その車で団地を回り、子どもたちを乗せて川原に行ったり、遠足に行ったりと、ボランティア活動をはじめた。その子どもたちが、今度は、だんだんと教会学校にも顔を出すようになった。牧師夫人は、母親役をかって出て、手作りのお菓子でもてなした。

しかし、ここで新しいことが起こってきた。教会学校の子どもたちが、「父さんが酒を飲んで困る」「暴れている」「今晩家で眠れない」といって、家族で教会に避難してくるようになったのである。そのあとは決まって、酔っぱらった父親がタクシーに乗って追いかけて来て、「うちのオッカァをだせ」と教会の扉をどんどんどんと叩くということが、繰り広げられるようになった。

さまざまな心の傷や苦労、差別的な体験を背負いながら大人になり、アルコールにおぼれていく、そのくりかえしを何十年も、何世代にもわたって生きてきた人々の現実に直面したとき、私は、何とかしてこの世代間伝播を断ち切りたいと思った。子どもたちに「酒害」教育を施し、学力の向上のために土曜学校を開いた。そして、ソーシャルワーカーとして「いつでも、どこでも、いつまでも」というキャッチフレーズをかかげ、SOSを発する家族のもとに日夜駆けつけるという毎日を過ごしていた。

そんなある日、緊急の電話が入った。いつも家庭訪問しているAさんからであった。Aさんの夫はアルコール依存症で、入退院をくりかえしていた。そんなAさんの弟もアルコール依存症で入院中であった。電話の内容は「入院中の弟が家で暴れているので、来てほしい」ということだった。

小学生の娘が、近所の子に「アイヌの乗ったブランコなんか乗りたくない」と言われ、そのことを入院中の弟に話したら、逆上して病院を抜け出して、いじめた子の母親を呼び出してどなり上げているという。駆けつけると、弟は大声でひとりの主婦をどなりつけていた。

「俺はなぁ、子どものときに担任の先生に〝石をぶつけられたら、痛い痛いと言って鳴く犬はなんだ〟っていうクイズを出されて、その答えが〝アイヌだ〟といって笑われたときから学校に行くのをやめた男だ！　それから、焼酎をかっ喰らってシャモ（和人）に仕返ししてやろうと、今まで生きてきた。俺はアル中だ。なんにも恐《こわ》くない！」そう言われるとその主婦は、畳に額をすりつけるように土下座して「申しわけありません」と泣いて、あやまっていた。その緊迫した場面を見据えながら、私はベランダからそっと茶の間に上がりこみ様子を見守った。

その時だった。Aさんの夫が酔って帰宅したのである。歩くのもおぼつかず、ふらつきながらやっとの思いでベランダの引き戸につかまった夫は、場の異変を察知したようだった。そのとたん、弟が夫に向かってどなりつけた。「父親のおまえがこんなザマだから娘がいじめられるんだぞ！　この野郎！」と言って飛びかかり、顔面を殴りつけた。夫の唇が裂けて鼻血が噴き出した。私は、床に倒れた夫を蹴り続ける弟をはがいじめにして「逃げて！」と叫んでいた。

鉄拳は私にも向けられ、顔面に激しい衝撃と痛みが走った。殴られながらも、弟を放すまいと必死にしがみつく手の握力が失せていくなかで、私は力尽きていた。私を振りほどいた弟は、ヨロヨロと外に逃げ出した夫を、薪小屋から持ち出したマサカリを手に、追った。私は最悪の事態を想像し、一一〇番をした。

逃げた夫を助けたのは、ちょうど学校から帰宅したばかりの中学生の娘だった。マサカリを振り上げる叔父と父親の間に割って入り、叔父の体にしがみついたのである。娘は叫んだ。「お父さんに何すんのよ！」弟は声を張り上げた。「こったら親父、親なんかじゃねえ、おまえら、どれほど苦しめられてきたことか！」そのとおりである。一日たりとも平穏な日々はなかった。この父さんさえいなかったらと何度思ったことだろう。しかし、娘は言った。「叔父ちゃんになんか関係ないよ！」そのひとことが父親を救った。弟は、娘のひとことに立ち尽くし、無言のままマサカリを地面に置いた。

鉄拳をくらった私の顔は無残にはれ上がっていた。そして、強烈な無力感が私を襲った。顔面の痛みを通じて、百年以上にわたって繰り広げられてきたアイヌの人たちのこの苦しみの一端を知ったような気がした。そして、立ちはだかる巨大な歴史の壁のまえで、へたり込んでいるちっぽけな自分がいた。

そのことがあってから私は、子どもたちに「なあ、みんな。君たちの父さんも、叔父さんも、じいちゃんもみんな酒で倒れたように、もしかしたら君たちも酒で苦労するかもしれないよ。でもそうなってしまっても、もうだめだと思わないで、いつでも相談に来るんだぞ」と語るようになった。

それまでは「アルコール依存症になれば最後。この子たちを〝アル中〟にしない」という意識をもっていた。しかし、世代を越えて続くアルコール依存症の問題は、避けることのできない現実だった。「〝アル中〟になってもいいよ。それでも共に生きていく」ということを私自身が受け入れられたとき、本当の意味でこの子どもたちと心が通じ合えたような気がした。

あれから十数年が経過し、子どもたちも大人になり、それぞれの現実を生きている。精神科に受診し、「べてるの家」の活動に参加する子どももいる。まさしく生え抜きである。案の定、子どもたちの多くは、離婚、サラ金、酒癖や依存症、そして精神的な危機のなかで生きている。今もいろいろな相談を受ける。そんなときは、この子たちが生きてきた厳しい現実に思いを馳せながら、こう言っている。

「いいぞ、いいぞ。みんなよい苦労をしているね。本当によく生きているよ。すごいね。みんなの父さん、母さんはこの相談ができなかったんだよ。順調だよ」と。

「あきらめる」ということ

最近、「あきらめない」とか「あきらめるな」いう類《たぐい》の題名の本が目につくようになった。経済的な行きづまりや、思わぬ病気にさいなまれても、あきらめず絶望せずに、逆境をはねのけて生きていくためのノウハウ本であったり体験記であったりする。それに対して、自ら統合失調症をかかえ、七年間の引きこもり体験をもつ「べてるの家」の当事者スタッフである清水里香さんは、『べてるの家の「非」援助論』(医学書院、二〇〇二年)のなかで「諦めが肝心」と題して、興味深い経験を述べている。

「『ダメなままの自分を受け入れよう』ということにこだわることもやめ、『諦めるしかない』と思いはじめました。

いままで自分が必死にしがみついていた手綱を放したとき、放したことで自分にマイナスになるものが何ひとつないことがわかったのです。苦しむために悩んでいたわけではありません。しかし、悩めば悩むほどこんがらがってきてますます混乱する。でも、悩まなくても失うものは何ひとつありませんでした。

苦しんでいるときは『ダメな自分のままでいいんだ』ということを受け入れられない自分に、無性に腹が立っていました。しかしいままでは、『ダメなままの自分を受け入れられない』ので、悪戦苦闘の結果として『悩むこともすべて放棄する』ことにしたのです。……自分一人でさんざん悩み苦しんでいたときは、『諦める』などということは想像もつきません。……『諦めること』――それをべてるでは、生き方の高等技術としてとても大切にしています。」

ここにあるように、「べてるの家」の当事者たちは、「あきらめる」ことに、生きていくための重要な鍵が隠されていることを知っている。

アルコール依存症の自助グループにＡＡ（アルコホーリクス・アノニマス――無名のアルコホーリクたち）があり、回復に向けた十二ステップがある。そのステップは、アルコールに対して自分は無力であり、自分の力では生きていけないことを認めることからはじまっている。

浦河の統合失調症の当事者たちがＳＡ（スキゾフレニクス・アノニマス）という自助グループで使っている浦河独自の八ステップでも同様で、「私には、仲間や家族、さらには専門家の力が必要なことを認めます。私ひとりでは回復できません」と認めるところから回復のステップがはじまっている。両者には、「自分自身の力を発揮する」ところからではなく、「自分をあきらめる」ことから回復は出発するという意識の共通点がある。

「べてるの家」のメンバーで統合失調症の松本寛君は、講演でもだじゃれを連発することで有名である。彼がいつも口にするだじゃれのひとつに、「一旗をあげようとがんばって、気がついたら白旗をあげていた」というのがある。

彼は、幻覚妄想状態になり、幻聴や幻視に翻弄され、入院していたにもかかわらず、服薬などの治療を拒否し、摂食障害になっても自分の力でがんばろうとしていた。その彼が少しずつ心を開き、最後の最後になり、「まな板の鯉作戦」と称して、「まな板の鯉になります。先生におまかせします。薬でも何でも飲みます」といって白旗をあげ、主治医のまえで土下座したのである。自分の力だけでがんばろうとしていた彼が、それをあきらめ、土下座して主治医に「まかせます」と言った瞬間から食べ吐きが止まった。

私が浦河の地で長年ソーシャルワーカーとして仕事を続けるなかで大切にしてきたのは、

「安心して絶望できる」援助である。それは、私自身のソーシャルワーカーとしての経験に基づいている。

二十二歳でこの世界に飛び込んだときから、地域のあらゆる困りごとが医療相談室に押し寄せてきた。年間のべで数千件の相談をこなしてきた。なかでも特に厳しかったのは、アルコール依存症の家族支援と「べてるの家」のメンバーのサポートであった。四年目に胃潰瘍にもなった。

そのあとは、精神科医を頂点とした伝統的な指示命令系統の秩序を乱す存在として嫌われ、精神科病棟から追放(五年間)され、窓際生活も味わった。仕事と職場の人間関係に消耗しきったとき、絶望感にも近い圧倒的な無力感が襲ってきた。そんな私をいやしてくれたのは、「べてるの家」のメンバーたちだった。

しかし、「絶望感」という鉱脈を掘り当てたときに、ふつふつとわき上がってきたのは、不思議な「わくわく感」だった。そして、見えてきた風景があった。それは、イエスと十二人の弟子たちとの旅の風景だった。

七十人ほどの弟子志願者のなかからイエスに選ばれた十二人の若者を見たとき、当時の人たちは驚いたにちがいない。「なんで俺が選ばれないで、あいつが選ばれるのだ」という声もあがっただろう。なぜなら、選《え》りすぐりのエリートが数多く志願したなかで、選ばれたのは、まったくの正反対の心もとない若者たちであったからだ。

そして、いろいろなトラブルが起きた。イエスがいちばん祈ってほしいときに、弟子たちはみんな眠りこけ、「俺たちのなかで、誰がいちばんえらいんだろう」と名誉や権力に執着した。そして、イエスをあざむき、逃げだした。イエスは孤独のうちに、つばを吐きかけられ、罵声《ばせい》を浴び、十字架を背負いながら、処刑場へと向かって行った。

イエスは、この弟子たちと行動を共にしたら、とんでもないことになるとわかっていながら、共に旅をしたのである。悲劇的な運命を感じながら、あえて不完全な弟子たちと旅を続けたイエスに思いをめぐらしたとき、私には「それで順調なんだよ」「それで僕は順調なんだよ」という声が聞こえたような気がした。

そして、その弟子たちが教会の土台となり、イエスのことばの語りべとして用いられていく。教会の土台とは、まさにその混乱と疑いと、誘惑に駆られた人たちによってつくられてきた。それを思い、そして信じたとき、正々堂々と己に絶望し、あきらめている自分がいた。

アメリカの公立高校に留学している長女からメールが来た。

「お父さん、彩良《さら》は、ちょっとしたことで眠れなくなります。敏感なのかな。歴史の時間に広島の原爆のスライドを見せられて、廃墟にアメリカ兵が星条旗を立てる場面があってね。すると先生は誇らしげに〝僕は、この場面がいちばん好きです〟と言ったんだよ。戦争には、勝者も敗者もないはずなのに、悲しくなってずっと下を向いていたんだよ。それから、眠れなくなって。彩良は、ノイローゼになりやすいのかな。でも、いいさ、もし、本当にノイローゼになったら、べてるの家に行こうと思っているから大丈夫……。」

さすが、「べてるの家」のメンバーに世話になって育てられた娘だと思った。あきらめ方がうまい。

自分の苦労を取り戻す

「べてるの家」は、その歩みのなかで、さまざまな困難やエピソードに直面しながら、独特のキャッチフレーズを生み出してきた。「苦労を取り戻す」ということばもそうである。考えてみれば、妙な言いまわしである。

人生のなかばで精神病を発症し、ひどい幻覚や妄想に翻弄され、仕事を失い、人とのつながりを断ち切られ、絶望の極みのなかで精神科病院への入院を余儀なくされた人たちが、「もう、こんな苦労をしたくない」というのではなく、「生きる苦労を取り戻そう」というのだ。精神医学の常識から考えても〝非常識〟である。

統合失調症の発症のメカニズムは、厳密にはわかっていない。さまざまな仮説が立てられているが、もっともポピュラーなのが「ストレス脆弱性仮説」である。つまり、生まれながらにもっているストレスに弱いという体質と、生活のなかで直面する過剰なストレスなど、いくつかの要因がスロットマシンの目がそろうように合ったとき発病する、という説である。

「フィルター理論」では、精神科の薬――抗精神薬の役割は、体のまわりにフィルターを張りめぐらして、過剰なストレスを防御し、緩和することにあるといわれている。それを根拠に、当事者を取り巻く家族や関係者も、常に無理をさせないようにと配慮する。

しかし、よく考えてみると、人間はストレスなしには生きていけない。スポーツでも山登りでも、身体的に負荷をかけることで達成感を獲得し、自然を満喫できる。そして何よりも生きていること自体が、われわれ人間にとってはストレスとなっているからだ。

べてるの仲間の語ることばのなかには、さまざまな「つかれ」のレパートリーがある。「仕事づかれ」、「人づかれ」、「遊びづかれ」、「食べづかれ」に「飲みづかれ」である。そして、当事者にとってもっともつらいのが「暇づかれ」だという。

「暇づかれ」とは、暇で何もすることがないので「つかれる」という意味である。役割がなく、誰からも必要とされずに、時間だけが刻々と過ぎ、老いていく自分の現実を意識したとき、そして、今日という日が、常に明日という日に似ているという倦怠感のなかで、人は危機に見舞われる。

それは、旧約聖書「伝道者の書」にもあるように「空の空、空の空、いっさいは空である。日の下で人が労するすべての労苦は、その身になんの益があるか。……すべての事は人をうみ疲れさせる……」（一章、口語訳）という、普遍的な人間の苦悩の根源に向き合う、永遠の「つかれ」とでも言えるかもしれない。

「べてるの家」のメンバーで、自称「統合失調症〝爆発〟型」のヒロシさんは、〝爆発〟をやめたいと願いながら、結果的に〝爆発〟をくりかえすという悪循環に、家族共々苦しんできたひとりである。入退院も多くなり、抑制を目的に薬の量も増える一方だった。そんな彼が浦河にやって来て最初に苦労したのが減薬だった。

主治医はこう言った。「こんなに薬が多かったら、悩むこともできないし、親に文句のひとつも言えないよ。もう少し、〝悩みやすく〟してあげるよ。」

しかし、そのあとが大変だった。多量の薬によって長く強いられてきた「感じない」「悩まない」「困らない」生活から、氷山が溶けて岩肌が露出するように忘れかけていた意識が目覚めた。そして「自分が今後どうやって生きていけばいいのか」という、胸をかきむしるような猛烈な不安に襲われはじめた。

彼がその不安をかき消す手段としたのが、自宅でゲームに没頭することであった。そして、ゲームに逃げ込みながら、再び〝爆発〟がはじまった。薬が減って変わったのは、抑制が取れて口ごたえがうまくなり、以前よりもいっそう〝爆発〟しやすくなっただけに思えた。

本人もそして家族も、浦河に来れば何か立ち直りのきっかけがつかめるかと思っていた。しかし、目のまえに繰り広げられる光景は、絶望的な〝爆発〟の日々だった。

彼が入院中に病院の公衆電話を壊したとき、父親から悲痛な声で相談の電話が入った。

「本当につかれ果てました。親として自分たちに何か落度があったら遠慮なくご指摘ください……。」

「お父さん、今、目のまえに起きていることは、見かけは以前と同じでも、ひとつだけ違うことがあります。息子さんは、今、お父さん以上に落胆し、行きづまっているはずです。彼のすばらしいところは、目のまえの〝爆発〟という現実に、しっかりと絶望していることです。

彼にとって本当に必要だったのは、〝立ち直ること〟や〝回復〟ではなく、悩み、絶望しきることなのです。今までは、多量の服薬でそれが困難になっていました。自分の苦労の主人公になるチャンスがなかったのです。

ゲームには依存していますが、彼は、着実に自分の絶望を自分のものにしつつあるのです。本当にいい苦労がはじまっています。電話を壊したあと、彼が病棟で頭をかかえてへたり込んでいるのを見たとき、〝おぉ、すごくいい落ち込み方をするようになったな〟と思い、彼に希望を感じましたよ。」

私がそう言うと、「そうですか。希望がもてますか。わかりました」と言ってお父さんは安心して電話を切った。

不思議なものである。人の絶望は、人間として尊重された出会いのなかでは、希望と回復への入り口となる。それは、イエスの十字架と復活にも似ている。

先日、大学の講義の合間に携帯電話が鳴った。統合失調症をかかえる「べてるの家」の女性メンバーからだった。彼女は、何か大切なものを失ったかのように沈んだ声で話しかけてきた。

「向谷地さん、ごめんね。今、電話で話していい……? 実はねぇ、私ね、急に〝サトラレ（考えていることがまわりの人にわかってしまうこと）〟が消えてしまったの。〝幻聴さん〟も聴こえないし、〝サトラレ〟も消えてしまって、もう、どうしたらいいかと思って不安になって電話してみたの……。」

私はたずねてみた。「つらい症状が消えたら、〝よかったね〟と言うのが普通だと思うんだけれど、今は何が不安かな……?」

するとと彼女はこう言った。「病気が治って〝サトラレ〟も〝幻聴さん〟も消えたら、もう、私はべてるにいられなくなるんじゃないかと思って……。」

それを聞いて私は、電話口で大笑いをしてしまった。そして、私は言った。「心配はご無用。〝サトラレ〟や〝幻聴さん〟が消えても、人間の苦労はぜんぜん減らないし、そんなに困るほど幸せにもならないから大丈夫だよ。いざというときのために、〝サトラレ〟や〝幻聴さん〟は救援に駆けつけるべく待機しているから、なおさら安心だよ。」

そう言うと、彼女は「わかった! ああよかった」と言って、電話を切った。

次の日、再び彼女から電話が入った。前日とは打って変わって声は弾んでいる。「向谷地さん、やっぱり、〝サトラレ〟が来たから……。」

ようやく自分らしい苦労の取り戻しがはじまったのである。

II

「出動！〝爆発〟救援隊」

浦河教会で水曜日の夜にもたれている「聖書を学び祈る会」に久しぶりに出席した。出席者のほとんどは、べてるのメンバーで常連も多い。あまりにも久しぶりだったせいもあり、ドアを開けた途端、出席者から「ホォー」という声が上がり、私はまるで新来会者のように照れながら空いた席に座った。その会では、聖書のことばの意味や歴史的な背景を学び、最後は、ひとりひとりが順番に心にかけている人のことを祈って終わる。牧師による学びが終わり、順番にひとりひとりがお祈りをはじめた。最後の祈りの時だった。隣に座っていたヒロシ君が「向谷地さんのためにお祈りします」と言って祈ってくれた。

「神様、向谷地さんはいつも大変忙しそうです。体を壊さないかと心配です。どうか、病気になるのでしたら、がんではなく、ぜひとも僕と同じ統合失調症にしてください。このお祈りをイエス様のお名前によって祈ります。」それを聞いた私は、心の底からアーメンと言った。

彼との出会いは、二〇〇〇年にさかのぼる。浦河にある総合病院でソーシャルワーカーをしていた私のもとに寄せられた家族からの相談が最初のきっかけだった。べてるの噂を聞き、べてるの家のホームページで情報を集め、関連する本や資料を読み、必死の思いで連絡をくれたことが伝わってきた。相談の内容は、統合失調症を発症したひとり息子のことだった。ご両親に対する暴力と家具の破壊にほとほと手を焼き、精神病院へ入院をさせたが、いっこうに事態は改善しないばかりか、火事を出し、住宅ローンの支払いを完了したばかりの住宅も灰になったという。そこで私は、べてるの家の事業の立役者である早坂潔さんとの講演の折に関西方面でご両親との面談の予定をつくり、お会いすることにした。

会場に現れたご両親は、事前の説明では五十代であったはずである。しかし、私のまえに現れた二人は、白髪で杖をついていた。明らかに同年代の人よりも十歳は年老いて見えた。特に母親が杖を頼るようになったのは、息子に足を蹴られたことによる骨折が原因だという説明だった。三十分ほどの短い時間であったが、ご両親から語られる息子との十数年に及ぶ壮絶な日々に対して、私は「本当に今まで、よくやってこられましたね……」というこことばを出すのが精一杯だった。潔さんも「父さん、母さん、よく今までがんばってきたなぁ。こう見えても、俺も息子さんと似たようなもんで結構暴れた性質だからな。大丈夫だ！」と言って両手を握った。それは、ことばを出すことも困難なほどの多量な薬という「拘束衣」に苦しむ息子とご両親に向けた潔さんからのはげましのメッセージだった。

私は「そのような状況を、息子さんは真剣に悩んでいますか」と問いかけてみた。すると、「〝爆発〟して、失敗しては〝ごめんな〟と謝ってくるんですが、いっこうに治まらないんです」という。職業的な勘からいうと、「悩んでいる」ことが周囲に伝わっているケースは、「脈あり」である。「お父さん、お母さん。息子さんが、ぜひ回復を望み、何か手がかりをつかみたいと真剣に思っておられるのであれば、もう一度、べてるのメンバーとこちらに足を運ぶ機会がありますので、直接に会うことがいいと思います。」そう言うと、二人は「よろしくお願いいたします」と深く会釈し、会場を後にした。

それからひと月ほどたって、ヒロシ君と会う機会がやってきた。講演会場の近くの喫茶店であった。表情が乏しく、しきりに咳払いをして苦しくしぼり出すような声を出す。チック症状のひとつだという。彼は、両親がいろいろと今までの経過やこれからのことを語ることをじっとうなずいて聞いているだけが精一杯で、「つかれたから休んでいいかい」といってその場を離れた。ご両親は、少しだけ落胆したように見えた。再び同席した潔さんも「父さん、焦るんじゃないよ。ゆっくりやろう」とご両親を励ました。

その後、浦河を直接訪れ、「治せない、治さない精神科医」を自ら標榜する浦河赤十字病院の精神科医、川村敏明医師にも面会し、受け入れの感触を確かめたご両親は、地元に帰り、本人との話し合いを続けた。ヒロシ君の入院先の主治医も浦河行きの挑戦に賛成し、前向きに彼を応援してくれた。そして、ご両親も、彼の「浦河に行きたい」ということばを聞き、チャンスとばかり飛行機の手配をしたが、出発の日が近づくにつれて、持病の喘息発作がひどくなり、一日たっても二日たってもおさまらず、結局、出発の前日の夜に、家で暴れて、茶碗を投げる、物を壊すという〝爆発〟が起きて再入院となってしまった。

その報告を受けた私は、「この新しい出会いに挑戦する準備そのものの苦労を、彼自身から奪わないようにしませんか。ヒロシ君のこの不安やいらだちを尊重しましょう。もし、本当に彼が、現状を変えたいと真剣に思っているのであれば、これから私への連絡や相談も、彼自身からもらえるように、お父さんも彼を応援していただけますか」と提案した。

「わかりました。やってみます」と父親は言った。

数日後、その機会がやってきた。「息子と替わりますので、お話をしていただけますか」という父親の後に、ヒロシ君が電話口に出た。「こんにちは、元気でしたか……」という声かけに、「はあ、何とか……」とようやく彼は言った。「今回は、大変だったね。今までも、こんな〝爆発〟で苦労してきたんだね。そのなかで、ご両親も、ヒロシ君も本当によくやってきたと思うよ。僕は、先日会った時に感じたんだけど、実はヒロシ君はものすごくセンスがいい人だと思うよ。何よりも、普段読んでいる本や、親に不平不満を言うときの文句がすばらしいね。」そう言うと、ヒロシ君は「ええ？　本当ですか。僕、センスがいいんですか。そんな誉められ方をしたことがないんで……」と電話の向こうの彼の表情に笑みがこぼれ、和らぐのが伝わってきた。「そうだよ。生きることにかかわった人間のいい〝もがき〟を感じるんだよね。センスあるよ。これだけ、暴れる人は、生きるエネルギーが満ちている証拠だから……。これから楽しみだね。これから、君自身が苦労の主人公になって、自分の助け方を学ぶチャンスがあれば、もっと別な生き方ができると思うんだ。潔さんも、先輩としてきっと協力してくれると思うよ。ヒロシ君をこのまま暴れさせておくのはもったないよ。」そういうと、受話器の向こう側から彼の笑い声が聞こえた。「これからも、〝ヒロシ〟の面倒を見てやってよ。根はいいやつなんだから。ときどき、〝こいつ！〟と思って蹴飛ばしたくなるときもあるけれど、ぜひ、〝ヒロシ〟を応援してやってほしいんだよね。よろしくね……。」そういうと「えぇ、俺の面倒を自分がみるの？　何か変だね」と言いながら、「わかりました」という弾んだ声が聞こえた。

それから間もなくだった。ヒロシ君が浦河にやって来た。まず、入院し、薬の再調整からはじまった。〝爆発〟の抑制を重視して処方されてきた抗精神薬が、「安心して〝爆発〟し、文句のひとつも言いやすく、しっかりと悩むことをじゃましない」新薬に切り替わった。彼にとっても、この作業は大変つらいものだった。しかし、この「悩み、考える力を奪わない」処方を心がけるところが、精神科医の腕の見せどころである。単純な切り替えは、「逆に不安定になった。かかわりづらくなった。新薬は効かない」という周囲の声に押しつぶされてしまいがちである。

しかも、新薬を使いこなすには、それなりの熟練が必要となってくる。それは、今まで薬による過度な抑制によって回避されてきた人間関係というあたりまえの苦労に、今まで以上に直面する可能性を増幅させるからである。新薬に対する知識や副作用などに対する対処技術も必要になってくる。つまり、ストレスを抑制するという機能が、新たなストレスに遭遇する機会も増やすという矛盾した状況を生じさせるのである。

その意味では、家族共々浦河に仮移住をして、入院生活からはじまる新しい生活に挑戦したヒロシ君に起こったのは、浦河流にいうと「順調な苦労」だった。「安心して〝爆発〟し、文句のひとつも言いやすく、しっかりと悩むことをじゃましない」という主治医から提案された新しい生活の理念は、現実には、さまざまな「問題」を生み出していく。体に染み込んだ対人関係の場面で生じる極度の緊張と、人間関係に対する怯えがはじまったのである。ヒロシ君のことばを借りるならば「まわりの人間に対する恐怖」にさいなまれ、それを回避する方法として、彼がとった解決策は、入院しながら自宅に外出し、テレビゲームに没頭して引きこもることであった。それは、両親にとって、もっとも見たくない光景だった。最後の望みであった浦河で入院を通じて回復し、〝爆発〟もやみ、自立するという光景とは全く正反対の現実が、再び今起きている。しかも、入院中にもかかわらずである。そして、次に起きたのが新作のゲームをねだることだった。両親の脳裏に浮かぶのは、かつて繰り広げた恐怖の悪循環だった。ゲームの購入を断ると、決まって暴れた。借家でもあり、万が一のことがあったらと思うと、ついつい言うことを聞いてしまう。

彼の要求はますますエスカレートし、親のもとには、入院中にもかかわらず「鮨が食いたいので差し入れてほしい」という電話がかかってきた。最初は、「なぜ、給食で我慢できないのか」といういらだちを押し殺して黙って差し入れてきた。しかし、やはり、ついついひとこと言いたくもなる。「病院の食事で我慢してほしい」というと、突然キレて病院の公衆電話を壊してしまった。夕方の六時を回っていた。その直後、父親から電話が入った。「息子が、また病棟でキレて電話を壊してしまいました。いったい何を考えているかわからなくなってしまいました。浦河に多少望みを託してきたのですが……。」そういうと、電話の向こうで深く落胆する父親の姿が目に浮かんだ。

私は、早速病棟に電話をして状況を確認したところ、父親と通話中に突然キレて、受話器で電話機を殴りつけ、耳にあてる部分が粉々になって割れたということである。彼はというと、病室で、押し黙り、しょげかえっているという。そこで、私は病棟を訪ね、割れた受話器を確認した後、病室に立ち寄った。私はベッドサイドに座り、うつむくヒロシ君に語りかけた。「ヒロシ君、大変だったね。川村先生の予想どおり、順調に苦労がはじまっているね……。」そう言うと、彼はむっとした表情で「これは、順調な苦労なんですか？」とこちらをにらむように聞いてきた。「そうだよ。決して、予想外ではない。変な言い方だけど、これが順調な苦労なんだよ。本心では、こんなはずじゃなかったと思っているかもしれないけれど、残念ながら、これは順調すぎるほど、順調なんだよ。つらいとき、困ったとき、今まで使い慣れたいちばん得意な方法に依存してしまう。でも、それがいちばん使いたくない方法だとしたら、それ以外の方法を見いだして、得意にならなくてはいけない。君が、自分自身を助けたくても、今は、助け方がわからない状態だと思うよ。今日のやり方をみると、ヒロシ君にとってもっとも申し訳がないやり方だね。今日は、誰にいちばん謝りたいと思う？」　そう問うと、彼は「両親と川村先生……」と答えた。「僕は、先生や親に謝るまえに、本当に土下座してでも謝るべきは、君自身だと思うよ。自分に謝る。自分を助け、励ますことをしないうちに、自分をおろそかにして、周りの人間に謝っても、順序が違うと思うけど……。」　そう言うと、ヒロシ君は、今まで散々言われてきたことが、ようやく今呑み込めたという表情をして「わかった」といって唇をかんだ。

「ヒロシ君、今回の〝爆発〟のテーマは、君自身の個人的な欠点や弱さをいかに克服するかという問題ではないような気がするんだよね。極端に言えば、世界中の〝爆発〟に悩む仲間をいかに救出するかというテーマでもあるし、君自身がこのテーマを通じて、多くの人たちとつながるチャンスでもある……。」

そう話した後、私は彼を相談室に誘った。ヒロシ君は重い足を引きずるようなゆっくりとした足取りでやって来た。彼の表情は能面のように固く、相談室に入るなり、一瞬立ち止まった。そんな彼を、私はソファーのある面談コーナーに案内し、向き合って座った。

正直に言うと、私たちは、無力感にさいなまれ、彼の〝爆発〟という現実の壁を乗り越える方策を見失い、病棟全体にも大きな落胆とヒロシ君に対する批判的な空気が蔓延していた。その時であった。私の脳裏に一つのことばが降りてきた。それが「研究」ということばだった。「正直、私もね、どうしていいかわからないけど、どうだろう、みんなでいっしょに〝爆発〟をテーマにした研究をしてみない……?」「え、研究ですか。それはおもしろそうだね。僕は実は研究者にもなりたかったからね。」そう言うと、沈痛な表情は消えて、挑戦者の顔に戻っていた。そのあと、彼は思い立ったように言ってきた。「向谷地さん、悪いけど、僕は〝爆発〟をやめないからね。〝爆発〟は必要なんだよ。ただ、〝爆発〟の仕方の問題なんだよね。」そう言われた時、知らず知らずのうちに彼の〝爆発〟をやめさせたいという私自身の魂胆を読まれた思いがした。「さすがはヒロシ君だね。もう立派な研究者の顔になっているね」と言うと、ようやく彼の表情に笑顔が戻った。

こうして「〝爆発〟の研究」がスタートした。まずは、今回の〝爆発〟に至る思いの確認作業をし、そこで明らかになった周囲には見えにくい思いを両親や病棟スタッフに伝えることを計画した。両親への謝罪は、その場で、すぐにSST（生活技能訓練）を使って練習をした。「今の説明と謝り方は、とてもよかったと思うよ。じゃ、ここですぐに、お父さんに電話してみよう。」それは、ミニ研究の結果、見いだした今までにない謝り方の実践だった。

従来、研究とは、科学的な視点から専門家が問題解決の方法を探り、さまざまな事象の真理に迫ろうとする方法である。常識的に考えると、統合失調症の当事者は、研究対象になることはあっても研究の主体となることは想像もつかないことであった。先の出来事をきっかけに、ヒロシ君を通じて、「当事者研究」というおそらく世界ではじめての試みがはじまったのである。

最初に着手したのが、〝爆発〟のメカニズムの解明である。彼がホワイトボードを背にして、〝爆発〟の体験を語る。仲間から、質問や意見が出る。それをもとに、さらに研究討議を続ける。その結果、鮨やゲームを親に買わせる行為は、〝爆発〟欲求を満たすための「起爆剤――起爆行為」であることがわかった。そして、親に不満があるから〝爆発〟するのではなく、「〝爆発〟したいから、〝爆発〟する」という〝爆発〟の基盤が見えてきた。あらゆる不全感を一気に吹き飛ばす〝爆発〟の快感は、何にも代えがたいものなのだ。

こうして、〝爆発〟ミーティングが定例化し、〝爆発〟に悩むメンバー同士がチームをつくり、〝爆発〟に悩む仲間の救出をする「〝爆発〟救援隊」が結成され、ヒロシ君は初代隊長を任されることになった。さらには、次々にメンバーがテーマをもち寄って研究をはじめるようになった。「親子関係の研究」「摂食障害を食べ吐きのスキルという点から整理を試みた研究」「幻聴さんとのつきあい方の研究」「喧嘩の仕方の研究」などが続々と立ち上がり、活況を見せている。

〝爆発〟の研究がスタートしながらも、ヒロシ君の〝爆発〟も相変わらず続いている。だから、〝爆発〟救援隊のいちばんの出動先は「隊長」である。「隊長が〝体調〟不良！ 出動！」というだじゃれが、はやるくらい救援要請が続いている。そして、「研究には、失敗がつきもの」という立場から、〝爆発〟のメカニズムの解明が続いている。最近も、住居で〝爆発〟し、仲間をどなりつけて、頭を叩いてしまった。ヒロシ君はすぐにSOSの電話をかけてきた。「向谷地さん、もう、絶望的だよ。僕は自分がとても恐《こわ》くてもうつきあいきれないよ、大丈夫だろうか。絶対、僕、人を傷つけたりしないよね……？」電話の向こうで悲鳴を上げる彼の落ち込みようは、このまま死んでしまうのではないかと思うほどだった。私は言った。「今日の絶望をいい絶望にしようよ。僕はね、実は、君がいい絶望に向き合えるように願って応援してきたんだよ。」そう言うと、「えー、ますますわからないな。僕が絶望するように応援してきたの？」と彼が答えた。「そうだよ、先生もみんなそうだよ。希望は、絶望とは隣り合わせなんだよ。だから、安心して自分に絶望していいんだよ……。」

その後、彼は早速仲間に謝罪し、救援隊にも救援要請をして、〝爆発〟ミーティングを開催した。「そうか、僕は自分の弱さに劣等感をもって、恐れていたんだ。仲間を信じて弱さを出せばいいんだ。」「でも、これは頭でわかっていても実際に弱さを出せるかどうかは、練習を重ねないとね。」〝爆発〟ミーティングは白熱した。

そんなミーティングをやって一週間もたたないうちに、再び「隊長、〝爆発〟！」の緊急連絡が入った。仲間と札幌の集会に向かう車中で、突然に大声を張り上げ、暴れだしたという。仲間同士のたわいのない会話に切れたという。ちょうど、浦河では〝爆発〟ミーティングの例会中であった。「隊長が〝爆発〟しました。このミーティングに緊急搬送されます！」司会者の報告に、参加者からどっと笑いが起きた。ほどなく〝隊長〟がやって来た。頭をかき、自分自身にほとほとあきれ返ったような複雑な笑みを浮かべながら、彼は部屋に入って来た。自然に拍手が起きた。「隊長！　がんばれよ！」という仲間の声がその場にこだました。

先日、名古屋に出張中の夕方六時ごろ、突然携帯電話が鳴った。画面にはべてるの家の共同住居の名前が表示されていた。自称「問題だらけ」を標榜してやまないべてるの家である。十三棟の共同住居や地域で暮らす百名ほどの統合失調症等の精神障害をかかえた当事者の日常のなかからは、実にたくさんの出来事が刻一刻と起きてくる。「住居で何かあったのか」記憶のデータバンクが、かつて起きたさまざまな出来事を想起させる。その住居では、九人の統合失調症などをかかえた当事者が暮らしている。〝幻聴さん〟にジャックされて混乱し、仲間をどなってしまう人、自分を否定する〝幻聴さん〟に傷つき、対人関係を断っている人、外傷性の脳機能障害による記憶障害をかかえながらべてるの家で昆布の製造販売を担当している人、そして、自称〝爆発〟型の統合失調症に悩み、幾多の感情の〝爆発〟をくりかえし、家族共々疲弊し、浦河にやって来たヒロシ君である。さまざまな出来事を連想し、少し、緊張しながら電話を取ると、案の定ヒロシ君だった。

「向谷地さん、こんばんは。特別用事もないんだけど、なんとなく向谷地さんの声が聞きたくなってさぁ……。」それを聞いた私は照れを隠して、「声が聞きたいって？　こんな声でもお役に立っているんだね」と冗談めかして返答した。「向谷地さん、何かさぁ、僕の心のなかに不思議なんだけど平和があるんだよね。」「へえー、それはすごいな。ヒロシ君の心のなかに平和がやってきたんだ。」私は、彼の思いがけないことばがうれしかった。

贈ることば

日本では、年間三万人以上の人が、自らのいのちを絶つ。何のまえぶれもなく、突然、自らのいのちに終止符を打つ子どもや大人をまえにして、多くの人たちはその理由を探る。いじめがあったのではないか、過労や人間関係に悩みがあったのではないか、と。

私たちは、たとえどんなに家族円満で、学歴や経済力、友だちにも恵まれるというパーフェクトな人生が与えられたとしても、自らのいのちを絶つ可能性を常に背負いながら生きている。トルストイの民話にも、資産家で、社会的な地位と名声を獲得し、家族にも恵まれながら、銃で自らの頭を撃ち抜く不安に、夜ごと恐れおののく男の話がある。

「べてるの家」のメンバーである松本寛君は、十万人の〝幻聴さん〟ユーザーをかかえ、「統合失調症は友だちができる病気です」を売り物に鮮烈なデビューをかざった一人である。彼のことばを借りるならば、入院はスカウト、退院はメジャーデビューである。〝統合失調症界のイチロー〟を自認する彼のエピソードは、象徴的である。

彼は、ものすごいがんばり屋さんだった。そのがんばりを支えたのが、〝がんばれ幻聴〟だった。すでに五歳の頃から幻聴が聞こえていたという。「うんこ野郎！」とか「アホ！」という声に混じって、いつも「がんばれ！」と、はっぱをかける〝幻聴さん〟がいた。

彼は、小学校時代に、陸上の走り幅跳びで全道八位の好成績を上げ、中学では、勉強だけでなく野球にも打ち込み、道内の野球の名門高校からスカウトを受けた。高校では、日夜猛練習に明け暮れ、補欠ながらもみごとに甲子園出場を果たした。

しかし、すでに中学校のときにこう思っていたという。「病気になりたい。病気になったら、もうがんばらなくていい」と。朝起きて、学校へ行って、勉強をして、クラブ活動をして、また家に帰って宿題をして、夜寝て、また起き……。大人になれば毎日毎日会社に出勤して、一日八時間の労働が待っている。それを想像しただけで恐怖だった。

殺人事件や戦争などのニュースにも敏感になり、「大人になったら、やばい……」と感じたという。でも、もう彼のがんばりの歯車は止まらなかった。くじけそうになると、〝幻聴さん〟がいつもこうささやくのだった。「もっとがんばれ、まだがんばれる！　王選手を超えるのだ！」と。

彼は、猛烈な走り込みと筋力トレーニングに打ち込みながら、心は次第につかれはてていった。そして、そんな生きづらさを振り払うように、歓楽街をさまよう日々が続いた。そのころは、〝幻聴さん〟も「つれえよ……つれえよ……」と、うなっていたという。

ついに彼は、自宅まえの路上で倒れ、救急車で病院に運ばれた。彼に言わせると、「王監督がリムジンに乗って僕をスカウトに来る予定が、日赤の救急車が僕を迎えに来た」のである。

真っ白いシーツが敷かれた病院のベッドに寝かされたとき、彼が口にした本音は、「やっと病気になれた……」だった。今でも彼は言う。「俺はこの病気のポジションと、〝幻聴さん〟を手放したらダメになる」と。

製薬メーカーに招かれて講演した彼が、「製薬メーカーに期待することをひとことと……」と質問されて答えたのが、「お願いですから、〝幻聴さん〟をなくす薬だけは作らないでください」だった。

我が家で生まれ育った三人の子どもたちに、私がいつも語ってきたことがある。それは「この時代と向谷地家に生まれたこととの〝二重の不幸〟を生きなければならない」ということである。この実感は、私自身が「べてるの家」のメンバーと出会うなかで、親として、ぜひとも子どもたちに伝えたいと思うメッセージのひとつだった。

私の子ども時代は、戦後の高度成長のさなかで、貧しさが豊かさに変わる光景と、世界の奇跡と賞賛された時代の空気を教科書から学び、それをいつも誇りに感じながら過ごしていた。それに対し、生まれた時に家が新築で、自家用車があり、物があふれた時代のなかで、それらが次第に朽ちていく風景と変わりばえのしない風景を生きなければならない我が子を考えると、それ自体が危機だと思う。

そして、この時代の不安とともに、ソーシャルワーカーという職業をもつ親のもとに生まれ暮らす苦労は、並大抵ではない。我が家の子どもたちは、「べてるの家」で看護師として働く母親のかたわらで、集まって来るメンバーにベビーカーに乗せてもらって散歩に出かけ、オムツを替えてもらった。さまざまな危機のなかで、暮らしに行きづまり、自殺を図ったり、精神に変調をきたしたり、アルコールや薬物に依存したりしてつらさを紛らわすことの多かった人たちを、身近な大人として見ながら暮らしてきた。

また、そんな大人の事情によって行き場のなくなった子どもたちが、臨時の避難場所として我が家に泊まっていた。我が子たちは、次第に見えてくる社会と自らの内面の矛盾とともに、大人でも避けて通りたいと思うような、生きるということのもっとも厳しい現実を、あたりまえの風景として眺めながら育ってきた。しかも、日本という社会は、まだまだ精神障害を体験した当事者に対して冷酷である。

それゆえ私は、子どもたちにこう言い聞かせてきた。

「これからきっと、学校へ行くことがいやになったり、大人が信じられなくなったり、反発を覚えたりすることが起きてくるかもしれないぞ。自分が嫌いになり、生きる目標が感じられなくなるときもあるし、生きていること自体がいやになることも経験しなければならない。でもそれはあたりまえのことで、それは避けられないことだし、避けてはならないことなんだよ。特に反抗期というのは大変だぞ。お父さんも経験があるんだけど、とにかく、無性に何でも反発したくなるんだよ。そのときは、思いっきり反発したほうがいい……。」

松本君をはじめとする「べてるの家」のメンバーを、〝人生の師〟として育った長男が、札幌の高校に進学することになり、メンバーがささやかな送別会を開いてくれた時のことだった。最後に、松本君が〝贈ることば〟を披露した。

「札幌でひとり暮らしに挑戦するノリ君に贈ることばは、とにかくいのちがけで〝がんばる〟こと！　次に友だちをつくらないこと！　学校に行かないで僕が通った歓楽街すすきのに足を運ぶこと！　そして、金をガンガン使って親をぶん殴ること！　そしたら、僕のようになれます！」

そう言うと、参加者からどっと拍手がわいた。長男は言った。

「その節は、べてるにお世話になりますので、よろしくお願いいたします！」

すると次々に掛け声が飛んだ。

「ノリ！　みんな待ってるぞ！　おかしくなったらすぐ来いよ。」

長男は、笑いながらぺこりと頭を下げた。

終わらない旅

夕方、携帯電話が鳴った。表示は公衆電話からだった。電話に出ると、札幌近郊の精神科病院に入院中のA君からの久しぶりの電話だった。「向谷地さん、こんばんは、Aです。なかなか病院になじめなくて……、ちょっとさびしくて、向谷地さんの声が聞きたくなって電話をしました。」電話の向こうから、A君のなつかしい声が聞こえた。

――「空の色は虹の色」。これは、三十代も後半となり、じき四十代を迎えるA君が小学三年生の時につくった詩の題名である。毎日のように夕方になると焼酎を買いに行かされていたA君は、ものごころついた頃から、酒を飲んでは荒れる父と、それを嘆く母の姿を見ながら育った。酒を買いに行かされるたびに、これが今夜も父親をおかしくすると思うと、「こんなもの売っていなければいいのになあ」と思った。

しかし、父親が断酒会活動に参加して酒を断つことに成功した。酒なしの買い物をはじめて頼まれたときのうれしさと、道すがら見上げた空にかかっていた美しい虹に感動し、それを詩につづったのであった。

それから七年ほど経過したある日、ふたりの警官に脇を固められたひとりの青年が、わめき声を上げながら病院の廊下を通り過ぎて行った。あとからは、母親らしき人が涙を拭きながら歩いていた。それは紛れもなく、変わり果てたA君の姿だった。

実は、A君にとって父親の断酒は決して幸せへのスタートではなかった。すでに傷つきすぎるほどに心に傷を負っていた彼は、友だちをつくることもなく、ひたすら勉強し、人を負かすことで心の渇きを満たしていた。学校の成績も常に上位で、当然のように親の期待も大きかった。地元の高校に行きたいと彼は願っていたが、都会の進学校を薦められた。しぶる彼への、「言うことをきかないと、父さんはまた酒を飲むぞ」という父親のひとことが彼を決断させた。しかし、高校に入ってまもなく、その生活に異変が起きた。級友とのトラブルが頻発し、高校をやめ、自宅に引きこもり、心配する母親に暴力をふるうようになっていた。

入院して一か月ほどがたち、ある程度の落ち着きを取り戻し、外出できるようになったA君が、ひょっこりと医療相談室を訪ねて来た。「やあ、よかったね。外出できるようになって」と言う私に、彼は真顔であたりを警戒するように小声でつぶやいた。

「向谷地さん……、聞いてよ。俺を操る組織があるんだよね。その組織からは、絶対に逃げられないんだ……。看護師さんは、そんなのはないって言うんだけど、やはり、あると思うんだよね。その組織のボスが誰かということなんだけど……。」

幻聴を介して運命を操る悪の組織の存在に対するA君の確信は、誰が聞いても「病的」な思い込みであった。しかし、幼いながらに彼の生きてきた筆舌に尽くしがたい日々を思い起こすときに、そのことばのなかに妄想として片づけることのできない信実を感じた。

私は、「それは、大変だなあ。その組織のボスも、何を好きこのんでA君をおとしいれようとするの?」と聞いてみた。「ボスのねらいは、俺を苦しめること。自分でも、誰が味方で、誰が敵なのかわからない」と言う。「ちなみに僕はA君の味方? それとも敵?」と聞くと、ニヤッとしてA君は私を見つめ、「実は、向谷地さんが組織のボスかなと思うときもあるんだけど……」と言った。「え? 僕が悪の組織のボスか。ごめんごめん、ついつい、そんな組織の重大な使命を忘れてしまって。僕が組織を牛耳ると組織も解体するよ。頼りがいはないし、何よりも物忘れがひどくて……」と言うと、彼も声を出して笑った。

断酒に成功し、酒害に苦しむ当事者たちのリーダーとして尊敬を集め、活動に専念する両親のもとで、その現実をともに生き抜いた子どもに光が当たることは少ない。A君は幼いながら、生きることに望みを失い、病み、つかれはてていたのである。

「それにしてもA君は、サバイバルな人生をよく生きてきたよね。僕は、A君の立場だったら、まったく生きていく自信がないね。これからは、A君自身にも少しは、〝安心〟とか〝幸せ〟という生活を実感できるように、いっしょにいろいろな作戦を立てようよ。」

そう言うと、A君は再び深刻な表情になった。「向谷地さん、それが俺にはできないんだよね。〝安心〟とか〝幸せ〟というのは、経験したことのない自分にとっては恐怖なんだ。〝幸せ〟ってなったことがないから、正直いってこわいんだ……。」

それは意外なことばだった。「お姉ちゃんもいろいろと苦労しているし、母さんも苦労しているし、だから、自分も苦しんでいなくちゃいけないんです……。」彼は苦しみ、もがき続けることによって家族に連帯しているのだった。それは、彼ばかりではなかった。家族みんなが、まるで運命共同体のように「苦しむ」という一体感に依存していた。

「A君、組織に立ち向かうにはどうしたらいいと思う?」と聞いてみた。「それこそ、俺が組織に聞きたいくらいです。逃げることで精一杯ですよ」と彼は自信なげに言った。

「とにかくひとりじゃ無理だよ。A君を苦しめる組織に立ち向かうには、仲間が必要だね。べてるの家の早坂潔さんなんかは絶対お薦めだね。それと、もうひとつ。組織に立ち向かうときのおまじないを教えてあげようか。」

そう言うと、A君は身を乗り出してきた。

「組織にとっていちばんうれしいのは、A君がもうこんな人生はいやだといって投げ出すことなんだよね。幻聴の組織がA君にちょっかいを出せば出すほど、〝ああ生きててよかった。感謝します〟と言ってみること。コツは、あまり本気で言ったり真剣になったりしないことだね。これは、単なるおまじないだから。でも、A君がこんなおまじないを使ったら組織の連中もきっとびっくりするね。〝組織のボス〟が言うんだから、まちがいないよ。こいつは手ごわいって!」

そう言ったとたん、A君は大声を上げて笑った。目には涙がにじんでいた。しかし、そのあとのA君の歩みには、数限りのない入退院と、父親ばかりではなく母や姉までもがアルコールの魔の手に陥るという、筆舌に尽くしがたい絶望的な困難と挫折の日々が待っていた。

　A君と電話でしばしの語らいをしながら、私の脳裏にはこれまでの長かった日々の出来事が走馬灯《そうまとう》のように浮かび上がっていた。私たちは、〝組織〟に翻弄《ほんろう》され、自分も人も信じることができずにもがき続け、失敗と挫折を重ねた彼と家族の運命に対してまったくと言ってよいほど無力であった。その無力さとは、彼のかかえた病気の重さや、家族のかかえた問題の大きさ以上に、圧倒的に彼らを支えるわれわれの力のなさであった。そんな彼に浦河の仲間の近況を伝え、近日中の訪問を約束した。

　北海道に暑い夏の季節がやってきた。A君と出会い、ともに挫折し、迷い、行きづまり生きてきた。この旅はしばらく終わりそうもない。

自分自身で、共に！

「べてるの家」のメンバーの活動のなかで、今いちばん旬なのが「当事者研究」で、そのキャッチフレーズは「自分自身で、共に！」である。統合失調症などをかかえながら暮らすという生きづらさのメカニズムや意味を、当事者自らが仲間とともに解明し、お互いに情報を公開し合い、生活に役立てようという試みである。

その研究活動のひとつである「幻聴研究班」の中心メンバーに林園子さんがいる。彼女は、大学生時代に統合失調症を発症した。人から言われたことばや自分が話した内容が気になり、本人をさげすみ、「電話をしてみたら」という幻聴が聞こえ、「あれはどういう意味？」などと、何度もくりかえし電話をかけて確認する強迫的な行為に苦しんでいた。確認行動がエスカレートすることで不安が増し、孤立感を深め、さらに強迫行動が強まるという悪循環に陥った。

彼女は、強度の多飲水症状*になり、入退院をくりかえしていたが、強迫的な行動障害は収まらず、「落ち着かないので、注射をお願いします」と、昼夜、訴えては、救急外来受診をし、薬も増えていった。

家族共々十数年間にわたり、そのような症状に苦しんできた彼女は、二年まえに人づてに「べてるの家」をはじめとする浦河の地域の活動を聞き、わらにもすがる思いでやって来た。希望者があとを絶たず「共同住居は満杯」という状況にもあきらめず、自らアパートを借りて町に移り住み、慣れない暮らしのなかで仲間づくりに挑戦しはじめた。

しかし現実は、今までの「強迫的な確認行為」を浦河にもち込んだだけの毎日だった。相変わらず「落ち着かないんです」と訴えては救急外来に受診し、新しくできた仲間に電話をかけまくった。そのことによって、彼女は自分自身に深く傷つき失望した。

ところが、唯一違ったのが、医師と仲間の対応であった。主治医は注射を打たなかったのである。実は、口では「先生、注射をお願いします」という訴えをしていても、心の声は「注射は打たないで！」と叫んでいたという。はじめて心の声が届いたのである。主治医は、話す力を身につけることの大切さを伝え、仲間の力を借りるようにと助言をした。

ミーティングで仲間に相談すると、「くどくなって電話をかけたいときには、遠慮なく自分たちを利用してほしい」と何人もの手があがった。さらにその場から、世界ではじめての「強迫的な確認行為のメカニズムの解明とつきあい方の研究」がはじまった。そこで協力してくれたのが、先行研究班である「〝爆発〟の研究班」の面々であった。彼女は、〝幻聴さん〟とのつきあいに苦労するメンバーをサポートする「幻聴さんレスキュー隊」の隊長にも抜擢《ばってき》され、研究とともに自分と仲間の救出活動を開始した。

ある日の夕方、病院の精神科デイケアから出ようとすると、林さんが深刻そうな表情で駆け寄って来た。「向谷地さん、ちょっとよろしいですか。お話をしたいんですが……。」そう言う彼女の声に、話を聞こうと立ち止まった。

すると、「あ……、向谷地さん、やっぱり私の話を聞かないでください。今日は〝つかれくどき〟と〝腹ペコくどき〟が来ていますので、食事をして家で休みます。急にお呼び立てしてすみませんでした……。」そう言って彼女は、はにかんだ表情を浮かべ、「お先に失礼します」と足早に帰ろうとした。そこで私が「林さん、大成功ですよ！」と声をかけると、彼女は「どうもありがとう！」と後ろを振り向きながら満足そうな笑顔で応えてくれた。

林さんは、強迫的な症状に〝くどうくどき君〟とニックネームをつけた。〝彼〟とのつきあい方を仲間と研究して対処方法を編み出し、「自分の落ち着きのなさ」が、つかれと空腹感からきていることを見事に見極めた。その成果を日常生活に活用し、「悩み相談」

による対処はふさわしくない、つまり時間のむだであると察知し、自己対処の方法を変更したのである。すばらしい〝技〟である。

研究を続けるうちに、彼女は、〝くどうくどき君〟と〝幻聴さん〟に翻弄されていた日々だったのがうそのように落ち着きを取り戻し、最近は私たちとともに全国の講演に出かけるようになった。


先日の出来事である。東京での講演が終わり、新千歳空港に着いた矢先、知り合いの牧師から相談の電話が入った。自室に引きこもり、時に暴力的な態度や言動をする子どもへの対応に苦慮する母親からのＳＯＳで、そのお宅を訪問しており、力を貸してほしいとのことであった。統合失調症であることが疑われ、以前から相談を受けていた二十代の若者のことであった。

そこで、私はひらめいた。「林さんやべてるの仲間との出会いを実現しよう」と思いついたのである。そこで私は急遽、いっしょに講演に行ったべてるのメンバーに協力を依頼した。

「みんな、ぜひ力を貸してほしいことがあるんだけど、これから行く家庭訪問に同行してもらえないだろうか。」　すると、林さんほかメンバーは即座に協力を引き受けてくれた。「幻聴さんレスキュー隊」の出動である。

しばらく車で走り、目的の家に着いた。牧師といっしょに母親から最近の様子を伺った。その若者は、誰も信じられずに、幻聴に翻弄され、現実を直視することができない自分をなぐさめるように空想の世界に浸り、必死に安心を求めているようだった。

ためしにドア越しに声をかけてみた。「向谷地と申します」と名乗り、力になりたいと説明したが、空想の世界に浸りきる当事者にとって、私は警戒すべき無用の存在であった。私の試みが終わったあと、林さんがドア越しに立った。

「こんばんは、私は林園子といいます。統合失調症の当事者です。私は、つらい〝幻聴さん〟の体験をもっていますが、仲間やみんなの力を借りて暮らしています。今日は、時間が遅かったのですが、あなたとお友だちになりたくて寄らせていただきました。これからもよろしくお願いします。」　続いて、ほかのメンバーも「お友だちになりましょう」と声をかけた。

すると「早く帰ってください！」という私への対応とは違い、なんと「今度、いつ来ますか」と聞いてきた。林さんが「また近いうちに来ます」と答えると、「わかりました」

と言ってくれたのである。

私は驚いた。長年、この世界で同様の場面に直面してきた経験からいっても、最初からこれほどの手応えを感じる事例は少ない。しかも、このような場面に当事者を立ち合わせて協力を依頼するなど、非常識でおきてやぶりもはなはだしい。その意味でも「幻聴さんレスキュー隊」の活躍は目覚ましいものであった。

数日後、牧師から後日談を知らせる電話があった。私たちが帰ったあと、本人が部屋から出るなり母親に、「お母さん、今日、友だちができたよ」と言ったというのである。その吉報を林さんに伝えた。林さんは、満面の笑みをたたえて「向谷地さん、また行きましょうよ」と言ってくれた。「幻聴さんレスキュー隊」の出番は、ますます増えそうである。

＊多飲水症状＝強迫的に水分を摂取することにより、血液中のナトリウム濃度が低くなることでおきる健康障害。水中毒は統合失調症などの精神疾患の慢性期に多く見られるといわれている。

仲間の力

「べてるの家」の活動に関わっていると、まさに〝仲間の力〟に圧倒される場面によく出合う。先日、こんな出来事があった。夜の十時過ぎに一本の電話がかかってきたのである。

「ソーシャルワーカーの向谷地さんのお宅ですか。夜分、恐れ入ります。実は、相談したいことがあって電話をしました。私は統合失調症をかかえた当事者です。以前に、べてるの家の講演も聴いたことがあります」と電話の主である三十代とおぼしき男性は、丁重に電話の目的を話し、自己紹介をした。

「どんなことでお困りですか?」とたずねると、主治医との関係に悩んでいるという。

「差し支えがなかったら、具体的にどのようなことでお困りかを教えていただけますか」とたずねると、こういうことであった。

「両親と暮らしているんですが、仕事もなくて退屈で、自分の楽しみは気分転換に町へ出かけることなんです。でも、どうしても途中で具合が悪くなって、救急車を呼んじゃうんです。それが続くものだから、主治医の先生が怒ってしまって、〝あまり出歩かないようにしなさい〟と言うんです。それで、先生と意見が合わないんです。」

私は、さらに質問を続けた。

「それは大変でしたね。主治医の先生は、先生なりに、いろいろと心配してくださっているんですね。ちょっと質問していいですか。町に出かけて救急車を呼ばなくてはならないほどのつらい状態とは、どのような状態なのかをもう少し詳しく説明していただけますか。たとえば、〝幻聴さん〟が襲ってくるとか、いやなことばに襲われたり、命令されたりしますか。」

すると彼はこう言った。

「そうなんです。僕がせっかく町に出てきたのに、幻聴が〝休め！　休め！〟としつこく命令してくるんです。休みたくないのに言ってくるんです。」

ここまで聞くと、今回の相談のテーマは、〝主治医との人間関係〟ではなく、実は〝幻聴さんとの関係〟であることがわかった。

私はさらに、「そうですか。それは、大変な苦労ですね。ところで、そのような〝幻聴さん〟には、どのように対処しておられるんですか」と質問を続けた。すると彼は、「聞こえてくる声に〝うるさい！　あっち へ行け！〟と言い返してやるんです。でも、その声も負けないくらいのボリュームで反撃してくるんです。そうなると、僕も収拾がつかなくなって、救急車を呼ぶしかないんです」と言って、なす術のないつらい状況を訴えた。

対処方法もなく、家族との関係ばかりか、主治医との関係もギクシャクし、薬だけが一方的に増えていく現状のなかで、一縷《いちる》の望みを託して電話をしたのだという。

私はその話を聞きながら、「べてるの家」でいっしょに活動をしているメンバーの林園子さんを思い出していた。彼女も統合失調症をかかえ、同じように〝幻聴さん〟に影響されて不自由な生活を強いられた体験をもつ。今は〝幻聴さん〟への対処方法を仲間とともに編み出し、見事に実践している。

そこで聞いてみた。「以前私たちの話を聞いたことがあると最初におっしゃいましたが、講演に来ていたメンバーは誰だったか覚えていますか……。」するとかれは、「林園子さんだったと思います」と答えた。何という偶然だろう。私はそれを聞いて〝よし、これはいける〟と思った。

「そうですか！　実は私は今あなたの苦労を伺いながら、林園子さんを紹介したいと思っていたんですよ。講演で林さんが語った、〝幻聴さん〟に〝丁重に、やさしく、ねばり強くお願いする〟という対処方法を覚えていますか」と聞いた。彼ははっきりと覚えていてくれた。私は言った。

「そうです。あの方法がもしかしたらあなたにも応用できるかもしれません。〝休め休め幻聴さん〟が襲ってきたら、〝丁重に、やさしく、ねばり強く〟お願いすることをやってみる価値はあると思います。

たとえば〝幻聴さん〟が来たら、〝心配ありがとうございます。無理しないようにしますから、もう少し散歩をさせてください。お願いします〟と言うのはどうですか。林さんは、一度や二度頼んでも効果がないときには、十回も二十回もねばり強く試みているようですよ。すると、さすがの〝幻聴さん〟も根負けしてお家に帰ることもあるようです。ただ、これはあくまでも〝実験〟ですから、効果がなくても落ち込む必要はありません。次の方法をまた、いっしょに研究しましょう。そして、大きな声では言えませんが、そのためにはぜひ外出に挑戦し、試してみましょう。電話で相談するほどの熱心さがあれば、きっとあなたならではの対処方法が見つかりますよ。

そして、ぜひ、浦河の〝しあわせ研究所〟の研究チームの一員になってください。あなたの苦労を軽減させる方法が見つかったら、それは、あなた自身が自分の研究実績をもって多くの仲間を助け、励ますという大切な仕事のきっかけにもなります。それと、最後にひとこと。これから〝自分を助ける〟いう大切な仕事がはじまります。自分の助け方に行きづまり、〝幻聴さん〟に圧倒されてコントロールを失いそうになったら、いつでもSOSの電話をかけてください。バックアップします。その意味で、今日、あなたが私に電話をくれたこと自体が、とてもすばらしい〝自分の助け方〟をしたことになります。大成功です。いっしょにがんばりましょう。」

するとと、彼は出番を待っていたかのように、弾んだ声でこう言った。「そうですか。僕、やってみます。それから、浦河の研究チームにも入らせてください！」それは、つい十分まえに意気消沈して電話をかけてきた人とは思えないほど、力強さに満ちたことばだった。

それから一週間ほどたった昼近くのことだった。大学の研究室で学生と打ち合わせをしていると、携帯電話が鳴った。彼だった。

「向谷地さん、成功しました！　頼んだら、〝幻聴さん〟がちゃんと帰ってくれました！」

吉報を聞いて、私はあらためて「仲間の力」の大きさに感服した。彼の十数年にも及ぶ生きづらさの悪循環を断ち切るきっかけを作ったのは、林園子さんとその仲間たちが見いだした技であった。そして、何よりもおもしろいと思うのは、その苦労の源である忌まわしい〝幻聴さん〟によって、彼が新たな出会いを得たことである。

そのうち彼も、「べてるの家」のメンバーがそうであるように、「〝幻聴さん〟のおかげで友だちが増えました！」と言う時期が来るかもしれない。そういえば、林園子さんらが結成した〝幻聴さんレスキュー隊〟キャッチフレーズはこうである。「あなたを助けます。〝幻聴さん〟も助けます！」

心を開く

札幌近郊の大学で仕事をするようになった関係で、市内の精神障害者の作業所や地域生活支援センターを訪ねる機会が多くなった。そこでスタッフやメンバーと交流を重ねるうちに、浦河との違いをだんだん実感するようになった。その違いとは、浦河に比べて、統合失調症などをかかえた当事者にありがちな幻聴や被害妄想にまつわるトラブルやエピソードをあまり聞かない、ということである。

統合失調症などの生きづらさをかかえた当事者は、どこで暮らしているのかといえば、家族がかかえこむか、入退院をくりかえしているのである。全国各地の講演先では、そのような当事者をかかえた家族の悲鳴にも似た相談が数多く寄せられる。

浦河では、多くの当事者たちが実に多彩な〝症状〟と生きづらさをさらけ出しながら暮らしている。「べてるの家」の施設長を担う二人も統合失調症をかかえる当事者である。一人は、被害妄想と過度の緊張による統合失調症ならぬ〝逃亡失踪症〟におちいり、職場から逃亡する大変さをかかえながら、日々、仕事をしているし、もう一人の施設長は、サトラレの症状に苦しみ、今でも、幻聴さんに頭のなかをジャックされながらどうにか仕事をこなしている。

日本には、地域で暮らす高齢者や障害者の権利を擁護するための「地域福祉権利擁護事業」(現・日常生活自立支援事業)という制度がある。当事者たちの金銭管理や福祉制度利用などを側面的に支援するシステムである。浦河では、家賃の未払い、公共料金の滞納、ギャンブル、友人との貸し借りなどで経済的に行きづまり、病気が再発し、生活が困難になっていた当事者が、権利擁護サービスを活用することで、生活を取り戻している事例が多い。ちなみに、人口一万三千人の浦河と、百九十万人都市札幌では、百倍以上の差があるにもかかわらず、権利擁護サービス利用者数がほぼ同数である。生活上のリスクをかかえた当事者が地域で暮らしている割合の高さを物語っている。

幻覚や妄想に翻弄されながらも必死に地域に根づこうと奮闘しているべてるのメンバーにU君とY子さんがいる。U君は被害妄想からくる家庭内〝爆発〟をかかえ、家中の壁に穴が空き、修理に追われる父親はプロ顔負けの日曜大工の腕前になったというエピソードがある。

Y子さんは「電信柱から出ている電磁波を止めてください。主治医が電磁波を送って、私をおかしくさせようとしているんです。私は病気ではありません。向谷地さん、何とかしてください」と昼夜なく訴えてくる。彼女からの一日二十九回の携帯の着信記録は、いまだに破られていない。

「べてるの家」での出来事であった。仕事に顔を出したかと思うと、U君が突然「いいかげんなことを言うなよ！」と大声を張り上げてドアを蹴飛ばし、途中ですれ違ったメンバーにも意味不明の罵声《ばせい》を浴びせ、そのまま走り去った。デイケアでも、同様のトラブルが頻発し、真新しい壁には鉄拳で穴があいた。

そんな彼と取り組んでいることは、いつでもSOSを出せるようにする練習であった。困ったときに大切なのは、それを乗り越えること以上に「困っています」というSOSを出すことである。そのためには二十四時間SOSを受け入れる体制も必要になってくる。

あるとき、共同住居に住んでいる彼からSOSの電話が携帯にかかってきた。「天井から声が聞こえるんだけど、誰かいそうな気がする」と言うのである。「U君、よく電話をくれたね。それだけでも大成功だよ」と応えた。

探究心が旺盛な彼は、点検のために押し入れの天井を押し上げて屋根裏に上がった。そこまではよかったが、足を踏みはずし、自室の天井板を突き破り、たまっていたほこりとともに真っ逆さまに転落したという。「けがはしなかったの？」と聞くと、ちょっとすりむいただけだという。だじゃれの得意なU君に、私も負けじと「さすが〝ほこり〟高い人生だね」と言って思わず電話で大笑いをしてしまった。

同じ住居に住んでいる仲間とともに駆けつけると、天井には大穴が開き、その下でU君は照れくさそうに座っていたが、すぐ真顔になり、道路を歩く高校生の自分をからかう声が聞こえることや、目のまえを走る車のエンジン音が「ひき殺せ！」という声に変わることのつらさを訴えてきた。それればかりでない。朝起きると頭が陥没していたり、何者かに身体に傷をつけられたりと、実に大変な状況だという。

私は「今度、仲間に協力してもらって、そんな大変さとどのようにつきあえばよいのか〝研究〟をしよう」と提案した。そして、休息入院をしたあとに、デイケアで仲間とともに研究がはじまった。

研究テーマは、彼の提案した「暴走する体感幻覚の研究——もう誰にも止められない」に決まった。さっそく彼がかかえた苦労の書き出しを行った。頭の陥没からはじまって、首筋を誰かに触られている感覚など、全身につらさをかかえていることがわかった。いっしょに研究する仲間からも「これは、大変だね。本当に今までよくやってきたね」という同情とねぎらいの声があがった。

彼の訴えを基礎にして、デイケアのスタッフがイラストで「体感幻覚マップ」を作った。それには、全身のイラストに矢印でU君の体感幻覚の症状が書き込んであり、毎日症状をチェックし、仲間に症状の大変さを伝えることを意図したものだった。毎日、体感幻覚マップに向かって、その日の自分の症状を書き込む作業がはじまった。

あわせて不快な〝幻聴さん〟や体感幻覚に襲われた際の対処についての検討と、具体的な場面を想定した練習もスタートした。効果はてき面だった。体感幻覚や〝幻聴さん〟が相変わらず続いているなかで、「マップの書き込みを行ってから、自分の症状のことがわかって、〝爆発〟を我慢できるようになってきたんだよね。周りが恐《こわ》いんじゃなくて、自分が恐がっていただけだということもわかるようになったしね」と言うほどの成長ぶりであった。

先週のことだった。U君が数人の仲間と「〝幻聴さん〟とのつきあいの研究」をしているデイケアのミーティングルームに、Y子さんがひょっこりやって来た。彼女は、部屋の隅に置いてある椅子に目を閉じて座った。いつもなら、〝電磁波を止めてください!〟と叫びはじめ、時には部屋を飛び出すこともある彼女が、終始無言だった。そしてミーティングの終わりとともに、静かに部屋を出て行った。

その日の夜のことだった。携帯が鳴った。着信を見ると、Y子さんだった。「向谷地さんですか。Y子です。お願いがあります。私もU君と同じように〝幻聴さん〟があるので、ぜひみんなに話したいんです。お願いします！」

「私を病人扱いするな！」と最近まで発していた彼女のことばとは思えなかった。「わかりました。ぜひやりましょう。そして、みんなでY子さんの〝幻聴さん〟の苦労を研究しましょう。」そう言うと、彼女はあらためて「よろしくお願いします」と言って電話を切った。U君の姿を通じてY子さんの閉じた心が開いた瞬間であった。

アスリート

二年ほどまえのことである。統合失調症をかかえ〝爆発〟をくりかえす二十代の息子に手を焼いた夫婦が、札幌から相談にやって来た。主治医の提案で、「親の顔を見ると腹が立つ」という息子と会話を閉ざすことで、二か月間、トラブルを回避してきた。しかし、とうとう限界を感じた両親が相談にやって来たのである。

〝爆発〟しがちな子どもをもつ親は、例外なく次第に追いつめられ奴隷《どれい》化していく。しかし、私は「この息子さんは見込みがある」と感じた。提案を懸命に守り続ける力があると感じたからである。常識的には身勝手に思える息子のふるまいも、実は不安や苦しさを回避しようとする苦しまぎれの対処法のひとつである。しかし、当然のように、その場しのぎの対処方法は、一瞬の解放感をもたらすものの、いつも結果は悲惨である。そのためには、もっと別の望ましい方法を探し、見つける必要がある。私はそれを練習することの大切さを説明した。そして、〝人に会いたがらない〟息子さんに会うために家におじゃまする約束をした。

その日はほどなくやってきた。札幌へ立ち寄る機会を得たのである。本人には母親を通じ、「知り合いの向谷地という人があなたに相談したいことがある」と伝言を依頼した。仕事を終え、午後三時すぎに家を捜しあて、意を決して呼び鈴を押すと、なんと息子本人がドアを開けてくれた。緊張をともなった一瞬の沈黙をかいくぐるようにして、私はあいさつをした。

「こんにちは、向谷地です。M君ですか。はじめまして……。ぜひM君に会いたいと思っていました。いろいろと相談したいこともあったので……。」そう言うと、すんなりと「そうですか……、上がってください」と茶の間に案内してくれた。まもなく母親も帰宅したので、あらためて彼に自己紹介をした。

「私はソーシャルワーカーです。M君と同じように病気の影響で人と会うことに困難を感じ、時には〝爆発〟してしまう当事者といっしょに活動をしています。そのような当事者が少しでもつながり合って、暮らし方のアイディアを共有し、さらには開発していくプロジェクトにM君の力を借りることができないか相談に来ました。」

そう言うと、M君は驚いたような表情を浮かべながらも、「僕にそんなことができるんですか」と聞いてきた。「今までM君なりに、精一杯努力をしているはずだから、そのなかから少しでも経験を聞かせてほしいと思ってね。」　そう言うと「あ……、そうですか」と言って、ぎこちなく笑った。

「ところで、今、いちばんやってみたいことは何かな?」　そうたずねると、M君は母親のほうにチラッと視線を向けて言った。

「お母さんと話をしたいです……。」

部屋の片隅で緊張した面持ちをして私たちのやりとりを見ていた母親も、私も、思わず大笑いをしてしまった。「そうか、では今のテーマはコミュニケーションを取ることかな。」　そう言うと、M君はこっくりとうなずき、〝幻聴さん〟に困っていること、特に入浴時にしつこくつきまとわれ、大声を張り上げると、落ち着けることがわかった。今まては、M君が大声を張り上げると、両親は緊張して嵐が過ぎ去るのを待つしかなす術がなかった。

「お母さんは、このような苦労を聞くのははじめてですか」とたずねると、「本当にはじめてです。このように自分のことを話してくれるなんて、不思議な気分です」。「ではひとつ、提案をしていいですか。もし、入浴時に〝幻聴さん〟が襲ってきたら、それをお母さんに伝えるというのはどうですか。」　そう言うと、「ああ、いいですね」と彼も賛同してくれた。

「ではこの場で練習してみましょうね。さあ、お風呂に入ろうとしています。すると、〝幻聴さん〟がやって来ました。」そう言ってM君を促すと、彼は母親に向かって、「お母さん、今、つらい〝幻聴さん〟がやって来たので、少し声を出してもいいかな……」と言った。すると母親は「よく教えてくれたね。かまわないよ」と言ってくれた。

それはすばらしい出来ばえであった。「M君、すごいね。話の内容も、お母さんの顔を見てしっかりと話していることも、みんなよかったですよ。」そう言うと、母親も感激した面持ちで、「驚きました。息子がこんなつらさをかかえていたことも、今まで知ることもありませんでした。本当に今日は大成功だと思います」と誉めてくれた。

「統合失調症を車にたとえると、誰にとっても運転が難しい車です。これまでは、本人も家族も孤独な努力と対処をしてきたのですが、これからは、みんなでいっしょに取り組んでいきましょう。M君も立派な〝アスリート〟になれるよ。」

こうしてM君とのおつきあいがはじまった。

今春、そのM君が私の大学の授業で、ついに「講師」としてデビューした。M君は、統合失調症の「運転操作」はゆっくりだが、「路上運転」も試みられるようになってきた。授業の「講師」をするには、「人のなかに入る」という難しい「運転操作」を必要とする。

案の定、授業がはじまって五分もたたないうちに、「具合が悪いので、ちょっと研究室に戻ってもいいですか」とＳＯＳを発信してきた。「ＯＫ」と言うと、申しわけなさそうに退出した。

授業が終わって部屋に戻ると、Ｍ君が「さっきはすみませんでした」とあやまってきた。「あやまる必要はないよ。ＳＯＳの出し方もうまいし、よい自分の助け方ができていたと思うよ。ところで、今日はどんな苦労が起きたの？」とたずねると、まえに座っている女子学生のほうから〝きもい〟という〝幻聴さん〟が聞こえてきて、つらくなったと言う。

そこで今度は「〝きもい〟という〝幻聴さん〟が聞こえたときのサインを決めよう」と提案した。サインは、親指を立てることに決まった。さっそく翌週の授業でそれをためしてみた。私ははじめに学生に言った。「今日、ゲストで来てくれたＭ君が、先週のクラスで早めに退出したのには理由があります。」そう言ってＭ君にマイクを向けた。「〝きもい〟幻聴が聞こえたからです。」学生の目が真剣になった。「そうなんです。今日もきっと〝きもい〟幻聴がやって来ると思います。キャッチしたら、みなさんに親指を立てて知らせます。」

講義をはじめて五分ほどたつと、M君はそわそわしはじめた。彼のほうを見ると、目が合った瞬間に力を込めて親指をキッと立てた。「みなさん、今、M君からサインが出ました！　どんな〝幻聴さん〟をキャッチしましたか？」そう言うと、彼は立ち上がって「まえの席から〝きもい〟と聞こえました」と教えてくれた。

教室内からは学生の「オー」という声と拍手がわきあがった。さらに十五分後に再び親指のサインが出された。「左のほうから〝いつまでいるんだ〟という声が聞こえました。」教室内は、歓声とともに大きな拍手に包まれた。こうして一時間二十分はあっという間に過ぎ去った。

「みなさん、今日はM君にとってもすばらしい記念すべき日となりました。本当にすばらしいキャッチでした。あらためて感謝の拍手を！」と言うと、M君は照れくさそうに立ち上がり、ぺこりと頭を下げた。すると、再び拍手がわきあがった。そこには、何かひとつの大きな仕事をなし終えたM君の自信に満ちた顔があった。

M君のアスリートとしての挑戦は、今日も続いている。

III

降りていく人生

二〇〇五年十一月五日の金曜日、「べてるの家」の一行は、東京の本郷にある東京大学医学部のキャンパスのなかにいた。「生命の文化・価値をめぐる『死生学』の構築／公開シンポジウム　べてるに学ぶ——〈降りていく〉生き方」に参加するためであった。会場となった階段教室は立ち見も出るほどで、シンポジウムは盛況であった。

私が「降りていく生き方」というキーワードと最初に出会ったのは、今から三十年以上もまえ、学生時代のことだ。恩師（松井二郎）の翻訳したアメリカの哲学者であり神学者であるP・ティリッヒの著した小論「ソーシャルワークの哲学」を通じてである。

そのなかでティリッヒは、ソーシャルワーカーの実践について、人を愛するという営みは、困難に陥っている人を「引き上げる業《わざ》」としてあるのではなく、そのなかに「降りていく業《わざ》」として現されなければならないと説いていた。それは、イエスが家畜小屋で生まれ、人々の貧しさや弱さのなかに降り立ち、そのなかを生きた姿に「愛」のかたちが示されている、という内容だったように思う。

当時、生活費を自ら捻出しなければならない貧乏学生であった私は、特別養護老人ホームで住み込みの夜間介護人をしながら大学に通っていた。寝たきり状態で一日中天井の一点を凝視して過ごす入居者のまなざしのなかに、私は刺すような「問い」を感じ、「自分は、この老いという現実に向かって生きているのだ」と知らされた。

そして、その小論にいたく関心を抱いた私に、恩師が勧めたのはP・ティリッヒの有名な著作『存在への勇気』（新教出版社、一九六九年）であった。そこにつづられている「われわれは日ごとに死につつあるのだから——、われわれの生が終わる最後の瞬間が死をもたらすのではなくて、ただそれは死につつある過程がそこで完了するということなのである」ということばとの出合いは、衝撃的であった。

ホームで暮らすなかで、必然的に訪れる「入居者の死」という別れは、生まれた瞬間から、人間はひたすら一日一日と「死ぬ」という連鎖のなかで生かされているという実感をもたらした。そして「にもかかわらず」生きようとすることこそが「存在への勇気」であるというメッセージは、これまでの私のソーシャルワーカーとしての実践の礎となってきた。

肉体的、精神的そして社会的に成長し、成功を成し遂げた〝にもかかわらず〟、いのちとして私たちは降りてしまっているのである。そして、今日一日、私たちは〝死んだ〟のである。それは、右上がりの人生を否定し、降りる人生を選択するというような私たち自身の選択と決断を超えた現実としてである。

このたびの東大行きをまえにして、早くから参加メンバーに予定されていた〝爆発〟救援隊の隊長であるヒロシ君から電話があった。すでに紹介したが、彼は統合失調症をかかえながら、度重なる暴力により入退院をくりかえし、同じようなつらさをかかえる仲間と「〝爆発〟救援隊」という自助グループをつくり、〝爆発〟のメカニズムを研究する「当事者研究」をはじめたひとりだ。

電話の向こうで、彼は泣きながらこう言った。

「向谷地さん、僕、今度の東大行きをやめたいと思うんです。講演に行っても、当事者研究をはじめた先駆者だと言われて、最近いろいろな人から誉められることが多いんだけど、僕はぜんぜん立派じゃないし、誉められるような人間じゃないんです。実は、さっき小〝爆発〟をしてきました。べてるを見学に来たどこかの大学の研究者に、僕はあなたが思っているような人間じゃない！　と叫んじゃったんです。みんなは僕を誤解しているんです。……もう、しばらく講演も行きたくないです！」

彼は、東大という「頂点」に昇りつめる緊張感と、その高さから垣間見えるかつての〝爆発〟をくりかえしていた現実との落差に恐れをもっていた。誰からも知られず、注目されないことに不安を感じていた自分に、ようやくスポットライトが当たるようになると、いつも当たっていなければ焦りを感じる。またその反面、実際は注目されるに値しない人間であるのに、と悶々《もんもん》としはじめる。これをべてるでは「スポットライト症候群」という。

受話器の向こうで泣きじゃくる声を聞きながら、私は学生時代に出合った一編の詩（『めぐり逢うべき誰かのために――明日なき生命の詩』石川正一・左門著、立風書房）を思い出していた。それは、生まれながらに難病をかかえ、二十歳までしか生きられないと知ったひとりの少年が十四歳のときに書いたものだった。

たとえ短い命でも　生きる意味があるとすれば　それはなんだろう
働けぬ体で　一生を過ごす人生にも
生きる価値があるとすれば　それはなんだろう

もしも人間の生きる価値が
社会に役立つことで決まるなら
ぼくたちには　生きる価値も権利もない
しかし　どんな人間にも差別なく
生きる資格があるのなら
それは　何によるのだろうか

私たちは、知らず知らずのうちに、「人にどう評価されるか」という基準に照らし合わせて自分の価値を推し量る生き方をしている。だから、いつも自分の点数が0点と百点の間を行ったり来たりする毎日を過ごすことになる。

私は彼に言った。「〝自分は東大に行くような立派な人間じゃない〟と言って、行くのをやめるのは、逆にちょっとかっこよすぎるね。むしろ、東大までいっしょに〝堕ちに行く〟というのはどうかな。」　すると彼は、「へぇ、これは昇るんじゃなくて、堕ちることなんですか。そうか、どっちにしろ堕ちることなんだ……。そりゃいいね。わかりました。僕、行かせてもらいます」と言った。こうしてヒロシ君の東大行きは決まった。

東大での集会は、メンバーによる即興の替え歌ではじまるという予想外の展開で大いに盛り上がった。終了後は、主催者とともに夕食を兼ねた交流会が開かれた。交流もなかばに差しかかった頃、べてるから緊急の連絡が入った。「仲間の力」の項でも紹介した林園子さんの、心臓マヒによる突然の訃報であった。三十六年の生涯であった。長いあいだ幻聴に支配され強迫的な確認行為に苦しんだ彼女は、仲間との研究で〝幻聴さん〟とのつきあい方を編み出し、精力的に講演にも出かけ、べてるでも宣伝部長として大活躍していた。彼女はよく「私は、自分が百点満点でも満足しないで、二百点を目指すような生き方をしてきました」と言っていた。突き上げるような勢いの不全感や挫折感と折り合いをつけながら、統合失調症の世界に新しい可能性を切り開いた林さんだった。

前夜式では、仲間が弔辞を読んだ。

「天国へ行っても、〝くどく〟なって電話をかけたくなったらいつでもください。携帯のアドレスはずっと残しておくからね……。」

天国とは、高い空の彼方にあるのではなく、降りていく場所の先にあるような気がしてならない。林さん、これからは「降りていく人生」の先導役として、天国で待っていてください。

残念ながら……百点満点

札幌から浦河に通院する「べてるの家」のメンバーの有志が、市内に会場を借りて週に一度、集うようになった。

浦河で用いている「精神障害を体験した当事者のための回復の八ステップ」を活用したミーティングと、生活のつらさや苦労の分かち合いを中心とし、毎回六、七人のメンバーが集う。〝爆発〟をかかえたメンバーが「今日は少し〝爆発〟しそうなので、〝爆発ミーティング〟をやってもらっていいですか」とSOSを出し、救援ミーティングをすることもある。

そんな情報を聞きつけ、ひとりの青年がひょっこりと顔を出した。主治医から紹介されたという。口コミというものはすごい。

その青年に、「今、自分のかかえているつらさや苦労に〝自己病名〟をつけるとしたら、どのような病名がふさわしいでしょうか」とたずねてみた。

自己病名とは、主治医からもらった診断名ではなく、「統合失調症〝金欠〟型」というように、自分の生活の苦労を、仲間と独自の意味づけをした病名のことだ。

聞きなれないことばにとまどっていた彼に、「さしつかえない範囲であなたの苦労の一端を紹介してもらえれば、今日来ている仲間から自己病名を提案してもらえるかもしれません」と言うと、ポツリポツリと語りはじめた。彼のもつエピソードはリストカットと大量服薬であった。

「ちょっと腕を見せてください」と言うと、彼は照れくさそうに手首を見せてくれた。傷は一ミリくらいの幅できれいに目がそろっていて、「リストカッターにしておくのは、もったいない。腕のいいシェフになれるね」とみんなに誉められた。メンバーから、「自己虐待系なんだね」という声があがった。さらに、「どういうときに、リストカットや大量服薬をしがちですか」と問うと、おもに週末だと言う。

次第に話し合いは熱をおび、核心に近づいていった。「そんな行為に走っているときの自分の気持ちをことばで表すと、どんなことばがもっともふさわしいでしょうか。」そう聞くと、少し考えて「〝誰か僕を助けてください〟ですね」と言った。

みんなもどこかに心当たりがあるのだろう。メンバーからも「オー」という声があがった。そこで自己病名が決まった。「自己虐待系誰か僕を助けて症候群週末型」である。

その場は、自然に「〝爆発〟ミーティング」の場になっていった。「〝爆発〟ミーティング」の目的は、自分ではやめたいと思っている「自傷行為」である〝爆発〟から自分を助ける方法を見いだし、具体的な対処方法を身につけることである。

自己病名が決まったら、次に取り組むのは、彼の〝爆発〟のメカニズムの解明である。彼にインタビューをしながら、ホワイトボードに今までに経験したさまざまなエピソードを書き込んでいった。出来事の関連性を解明していくのである。

仕事を辞めてから現在まで、自分の将来を考えて悶々《もんもん》としていること。そして、イライラが高じると、散歩をしたり、図書館に行ったり、病院で受診し主治医やスタッフに話しかけるという対処をして、懸命にイライラの回避に向けた行動をしてきたことがわかってきた。しかし、結果的にいつも行き着くところが、リストカットと大量服薬だという流れが大まかにつかめた。

次に、ホワイトボードに書かれた〝爆発〟の循環図から読み取れることを話し合った。そこで見えてきたことは、〝爆発〟をすればするほど人との接触が多くなり、さびしさを紛らわすことができるという構造だった。

「毎日が退屈で、目的がなくて人恋しいとき、〝爆発〟って役に立つんだよね」と、〝爆発〟系のメンバーが自分の経験を語った。青年は「なるほど……」という表情で聞き入っていた。私は青年にたずねた。「あなたは、そういう意味で〝爆発〟という方法を用いて孤独な自分を助けてきたわけですね。そのような今までの助け方に満足をしていますか。」すると、「いえ、僕は満足していません。変えたいんです」と真剣な表情で答えた。

「では、みなさん、彼の苦労の内容と意味がつかめたところで、彼自身が具体的にどのような自分の助け方をすべきかの検討に移りましょう。」私はそう言って、〝爆発〟の構造の再現作業に移った。この作業は、具体的な対処方法を見いだしていくために欠かすことのできないものである。

それは、〝爆発〟という場面で何が起きているのかを、その場にいるメンバーの力を借りて、目のまえに再現するのである。「友だちが欲しい」という希望をもっている彼が、結果的に孤独に陥るという現実を、本人役、友だち役、彼の〝爆発〟の導火線に火をつける役、そしてもっとも重要なのは耳もとで彼にささやく「心のお客さん」役である。メンバーによってはそれが否定的な内容の〝幻聴さん〟であったりする。

次に、彼に「心のお客さん」のつぶやくセリフを決めてもらった。それは「ものごとは完璧に！」であった。さまざまな生活場面に直面すると、彼の心に完璧を要求する強い衝動が走り、いつも彼を追いつめるのであった。

「そうか、君も大変だね。いつも〝ものごとは完璧に！〟という〝お客さん〟にはっぱをかけられてきたんだね。」そうやって場面は再現されて、彼の苦労がみんなのまえにあらわになった。

この「完璧」という「お客さん」に苦労しているメンバーは意外に多い。

そこで、彼に質問をしてみた。「ところで、あなたは自分に点数を付けるとしたら何点ですか。」すると「十点か二十点ですね。せめて八十点は取りたいですね」と言った。案の定「完璧」という「お客さん」のまえでは、いつも低い評価しか得られない彼であった。

私は言った。「実はとても残念なことですが、先行研究によると、あなたはすでに百点満点なんです。あなたにとっては不十分で、不満足なままでも、残念ながらもうすでに百点満点なんです。何か人生の目標を失わせたようで申しわけありませんね……。」すると彼は、「え、そうですか……もう百点ですか……。ちょっと、気が抜けた感じですね……」と笑った。その表情には明らかに安堵感がただよっていた。

「これからはじまる一週間、彼は新しい自分の助け方の研究と実践に着手します。これは、ひとりだけでは困難な作業です。みなさんの応援と協力なくしてはできないものです。救援要請も含めて、自分の助け方にいろいろとチャレンジしてみてください。ただし、〝爆発〟が止まるということは、直ちに君を幸せにして、充実した人生に導くわけではありません。人並みの慎ましい暮らしがはじまります。本物のよい苦労がはじまります……。」

私がそう言い終えると、彼は立ち上がり、拍手のなかで参加メンバーひとりひとりと握手をした。そこには、あらたな課題に取り組もうとする挑戦者の姿があった。

愛するということ

二〇〇四年に話題になった映画「パッション」を見る機会があった。イエスが十字架につけられるまでの十二時間を生々しく描いた作品で、特に残酷《ざんこく》な鞭《むち》打ちのシーンでは、あまりの凄惨な光景に隣に座った女性は手で顔をおおいながら嗚咽《おえつ》し、ローマの兵士が打ち下ろすイエスの身体を裂く「ビシ！」という鞭の音が暗い場内に突き刺さるように響くたびに、まるで自分が打たれているかのように体が反応し、震えていた。

私は作品を見ながら、ひとつの発見をした。それは、肉が裂け、血が飛び散るなかで聞くイエスのことばのもつ圧倒的な迫力と現実感であった。幾度となく聞いてきたはずの「互いを愛せよ」という短いことばが、裏切りと謀略が渦巻く不条理に支配された嘆かわしい現実のなかで、決して無力化せず、むなしさを超え、ことさらに迫力と真実味を増して迫ってきた。そこに、「人を愛する」ことの真髄を見た思いがした。

その意味では、ソーシャルワーカーをはじめとする援助専門職とは、「人を愛する」ということを職業的に志す人たちであるといえる。

あるとき、道内の福祉関係職の研修会が札幌市内で開催された。講師として招かれた私は講演のなかで、ここ数年来、福祉や医療の現場で特に強調されている「当事者主体の援助」のイメージを、援助者役と当事者役の二人一組になって表すという課題を提示した。

その結果はおよそ四つの形に分類された。当事者から距離を置き、援助者が離れたところで観察するグループ、援助者も当事者もいっしょにやっていく視点を重視し、腕を組み歩くグループ、当事者の横に援助者も並び、少し離れたところで歩くグループ、そして当事者の少し後ろから援助者がついていくグループである。ひとことで「当事者主体の援助」といっても、専門家の間でもこんなにも認識が違うのである。

「当事者主体の援助」と並んで、現場で強調されるのが「誉めること」の大切さである。精神保健関係の専門家が集まる研修会で講師を務めたとき、講演のあとでひとりの看護師が質問をしてきた。

統合失調症の患者さんに、幻聴がつらいときには詰め所に来て看護師に相談するという目標設定をして関わっているという。最初は、「よく相談に来られたね」と誉めていたが、一日に何度も詰め所に来るので、とうとう看護師もつかれはてて、「あなただけの看護師さんじゃないんだよ。ほかにも患者さんは、いっぱいいるんだからね」と言ってしまったというのである。そして、誉めることばかりでは、現場の負担は増すばかりで、問題は何も解決しないということだった。

先日も、非常勤スタッフとして務めている病院の精神科で、壁を蹴飛ばして穴を空けた統合失調症の患者が「壁を壊してしまいました」と看護師に申し出たことに対して、「よく言えたね」と誉められる場面があった。おそらくその患者さんは、これからも「誉められる」という心地よさを獲得するために、壁を壊し続けるだろう。

十字架によって示された「人を愛する」というわざは、人間に対する深い絶望を裏づけとしている。そして、絶望から回復ははじまる。つまり、人を「愛する」とか「信じる」ということは、もっとも愛しにくく、もっとも信じにくい状況、そして、人が人を愛することの難しさと無力感、すなわち絶望からもたらされるのである。私たちは「にもかかわらず」愛し、信じることが問われている。「愛しやすいこと」を愛し、「信じやすいこと」を信じることからは、回復ははじまらない。

前項で、長い間、身体を誰かに傷つけられるという体感幻覚といやがらせの幻聴に翻弄《ほんろう》され、家族への暴力と、周囲とのトラブルに苦しんできた統合失調症をかかえたU君を紹介した。

彼は「切れやすく、何をしでかすかわからない人」から、「病気の症状をもちながら、上手な対処の仕方を研究している当事者」となり、仲間と「暴走する体感幻覚の研究」をはじめた。そして見事に幻覚と現実の見極めの方法を獲得し、自己対処を実践している。最近、そのU君が突然怒りだし、久しぶりに〝爆発〟する場面があった。

落ち着きを取り戻した彼は、あやまりながら怒りの意味を説明してくれた。「今まで、暴れて散々みんなの手をわずらわせてきた自分が、落ち着いてしまったら、治ったと思われて、みんなに忘れられてしまうんじゃないかと不安になったんです。僕は、全然治っていないよ、と言いたくなってイライラしていたら〝爆発〟したんです」というのである。

思わず笑ってしまった。「U君、知っておいてほしいのは、〝爆発〟をしていた頃のU君も、落ち着きを取り戻した今のU君も、みんなにとって大切な存在であることには変わりがないんだよ。だから、今回の〝爆発〟も僕たちは全然がっかりしていないよ。自分にうんざりして、信じられなくなるかもしれないけど、今回の〝爆発〟も含めて、U君の研究が、自分自身と仲間を励まし生きる知恵を育ててきたんだよね。」　そう言ってU君と固く握手をした。彼は照れくさそうにほほえんだ。

　そんなU君のお母さんから電話をいただいた。お母さんは、常にU君の家庭内暴力の対象となって苦しんできたひとりである。「いつも、困ったときにばかり、電話をしていたんですが、今日は、とてもうれしいことがあって電話をしました。息子からメールがあったんです。」　そう言って、メールを読んでくれた。

「今日、デイケアの企画で川の上流に行って鮭の川のぼり（遡上《そじょう》）を見てきました。とても、一生懸命でした。こうやって、生き物はいのちを受け継いできたんだなと思うと、いろいろな気持ちが交錯しました。そして、生きているということは大変だけど、あらためて感動しました。まえに七人が集団自殺した事件がありましたが、残された家族の気持ちを考えてほしいのです。いのちの受け継がれている真意を……。」

めざめ

夕方、「電話サポート」をしているメンバーから電話があった。今回のテーマは「薬」であった。「何となく自信が出てきたから、薬をやめてみているんだけど……。でも、先生には内緒なんですけどね」と言う。東京の近郊に住む、統合失調症をかかえる彼との週一回ほどの電話のつきあいも半年になる。一回の通話時間は数分である。

彼は幻聴の勢いに翻弄されて、生活がままならなくなり、結果的にいつも唯一の頼りである病院に駆け込み、何とかしのいできた。しかし、べてるの仲間たちから「症状自己対処」の方法を学んだり、「〝幻聴さん〟とケンカをしない」やり方を試みたりするようになって、〝幻聴さん〟のパワーを上回る力を身につけた。最近は暮らしにも余裕をもてるようになってきた。

彼にその自信の根拠を聞き、人とありのままでつながっている実感と、自分が自分を助ける主人公になること、つまり回復がもたらされるという二重の手応えを実感することによって裏づけられたものだということがわかった。彼は、今までも何回か服薬の中断に挑戦しながら、まもなく再発していく。それでも、今度はうまくいきそうな気がすると言う。彼は、服薬中断後一年の再発率が七〇パーセントだということも知っている。しかし、残りの三〇パーセントにかけたいと言う。

彼にとって外来受診とは、精神科医との駆け引きの場でもある。自分の症状をどこまで話すか、話したら主治医はどのような対応をしてくるか、あれこれと考えをめぐらしながら話す。主治医は彼が服薬をやめていることを知らない。それればかりでなく、「最近、デイケアのプログラムに参加するのがおっくうで……」とひとことつぶやいたら、抗うつ剤を出されたと言って笑った。もちろん、その薬も飲んでいない。

服薬の中断といえば、以前、本田幹夫君というメンバーとミスターべてるの早坂潔さんと福島県に講演に行ったことがある。本田君は、服薬を中断して何度となく入院するという経験をもっていた。福島への講演の直前に本田君が、薬を飲まないでやってみたいと言いだした。まわりのみんなは「また、悪魔に襲われるぞ!」と脅したが、やはり薬を飲んでいないときの爽快感は捨てがたいものがあるらしく、彼にまかせることにした。彼は、講演先でも口がまわり絶好調であった。

二日目の夜遅く、彼が私の部屋を訪ねて来て、突然ひざまずき、「何でも言うことを聞きます。向谷地さんの家来にしてください！」と言ってきた。私があっさりと「あ、いいよ……」と言うと、「ありがとうございます！」と言って帰って行った。私は、ついに来たなと思った。

翌朝、三人でいっしょに朝食を取っている最中であった。彼が突然、「潔さんが八戒に見える！　恐《こわ》いよ！」と言って震えだした。体重が九十キロを超す潔さんは、見ようによっては『西遊記』に出てくる立派な「猪八戒」である。「本田君、僕にもそう見えるよ」と言ってみたものの、帰りの道中は大変であった。

一九五二年に、クロルプロマジンという抗ヒスタミン剤が精神科治療にも効果をもたらすことが発見され、「薬抗精神薬」として再評価されて以来、薬物療法が精神医療の現場に一筋の希望をもたらしたことは疑いようのない事実である。しかし、回復へのあらゆる期待を薬物療法に求めすぎた結果生まれたのは、日本における薬剤投与量が欧米先進国の五倍から十倍という「多剤多量」の現状であった。これは世界でも類例を見ない特異な処方といわれている。

しかし、ならば減らせばよいというほど事態は簡単ではない。それは「めざめ現象――アウェイクニングス」といわれる問題である。このテーマは、具体的なエピソードとしてこれまで何度となく書いてきた現実との直面化による〝回復恐怖〟とでも言える、当事者が通らなければならない関門である。

一般的には、副作用の少ない新しい抗精神薬を飲むと、従来の抑制されていた行動が活発化すると同時に、自らの置かれている現実に対する認識が高まる。それを浦河流に言うと、「苦労や悩みの取り戻しがはじまる」となる。ここから発生する問題は、いわゆる健常者の看板を背負うよりも病気のままでいることの安心にとどまろうとするモードが働き、当事者が子ども帰りしたような状態になったり、〝爆発〟を引き起こしたりすることである。現場ではとてもやっかいなテーマで、だから新薬は恐《こわ》くて使えないという精神科医もいる。

しかし、このような「めざめ現象」に似た苦労は、薬をめぐってばかり起きるわけではない。べてるの代表の早坂潔さんにお見合いの話が浮上したことがある。彼はその日が近づくにつれ、だんだんと落ち着きがなくなり、お見合いのまえにとうとう入院してしまった。あとで聞いたら、結婚が決まってもいないのに、住む家や子どもの進路、夫婦生活のことまで、あれこれと考えているうちに「ぱぴぷぺぽ状態」（調子が悪い状態を示すべてる用語）になったと言って頭をかいていた。

みんなに共通しているのは、それぞれが時代の混沌とした空気と現実をかかえるリスクに敏感に反応し、時にはおびえ、時には動揺しながら必死に生きているということである。

それは、浦河のメンバーが用いる「統合失調症完璧追求型」「統合失調症全力疾走型」という「自己病名」にそれがよく反映している。同じ統合失調症でも、当事者自身が発案してつけた自己病名には、常に完璧を自分に要求し、追い込まれていく状況や、他者との比較によって自分の価値が決まる競争型の人生観から抜け出ることのできない当事者の苦労が反映されている。誰もが、自分というひとりの人間の生きることの意味を探しあぐねている。

しかも、症状に翻弄され病気とのつきあいに日々追われていた状態が落ち着き、「回復」という切符を手に入れてゆっくり自分と世界の現実に目を向けたとき、そこに見えてくるのは自信のない自分である。そして戦いに明け暮れた世界の絶望的な姿である。「回復」という扉の向こうには、安心という世界は見えてこないのである。

先日、べてるの女性メンバーからメールが届いた。彼女は、昨年、仲間の林園子さんを天国に見送り、年末には父親を病気で失っている。

「自分は、今思えば、ものごころがついた時から〝鬱《うつ》〟だったような気がします。そして、漠然といつも死を恐れていました。……現実の死との向き合いを通してわかったことがあります。それは〝生きよう！〟ということでした。それも〝死ぬために生きる〟ということです。生きていなければ死ねないことに気がついたのです。今のテーマ、究極は〝死〟です。〝いかに死ぬか〟ということは〝いかに生きるか〟ということとイコールなのです。突きつめると、私自身は一生〝当事者研究〟の対象、一生求道者、一生一病者であり、一哲学者――悩み尽きぬ存在であるだろうと思います。でも、それは決して悲観的なわけではなく、〝一生情けない自分とつきあえる特権〟とすら感じられます。」

「苦労や悩みの取り戻し」という作業のあとに出合う人生課題への「めざめ」の恐怖の根っこには、誰も避けることのできない「死」のテーマが横たわっている。だが、恐れてきた「死」との出合いが彼女を活かしたのである。

人間アレルギー

最近、病院のデイケアや「べてるの家」に顔を出すようになった女性メンバーから一通のメールが来た。

「いきなりメールしてすみません。いつも、話しかけようと思うんですが、なかなか話しかけることができません。ところで、向谷地さんは自分のことが好きですか？」

そのメールにもあるように、「自分を好きになる」「自分を誉める」というフレーズは、昨今、どこの世界でも聞く自分探しのキーワードになっている。しかし、頭ではわかっていながら、なかなか自分を好きになることができないと悩む人も多い。彼女のメールの行間からも「私は、自分が嫌いです」というニュアンスが読み取れる。

「いきなりの直球メールですね。結論を言うと、私は正々堂々と〝自分が嫌い〟ですね。このことだけは、あなたに負けない絶対の自信がありますよ……。」そう返信すると、さっそく返事があった。「そうですか！　少し安心しました。今度、ゆっくりお話しする時間をもらえますか。お願いします……。」

私が〝自分が嫌い〟というのは、決して誇張ではない。本当にそう思っているからだ。だからといって、なぜ彼女に「そんなことを言わないで、あなたはすばらしい可能性と力をもった人ですよ」と言わないのか。彼女の問いかけに、「もちろん自分が好きですよ」とポジティブに答えてあげられないのか。それは、自分が嫌いで、人間が信じられないという感覚をもつ人には、人間の本質を見据えた鋭い嗅覚を感じるからである。

人間は、どんな恵まれた環境に生まれようとも、どんなにすばらしい才能をもち合わせようとも、人間であることにおいてかかえざるを得ない「大切な苦悩」をもち合わせて生きている。つまり、「自分を知る」ということは、「大切な苦悩」と出合う最初の一歩である。

フランスの思想家ブレーズ・パスカルが『パンセ』(世界文学社)のなかで「人間は自然のうちで最もよわい一本の葦にすぎない。しかしそれは考へる葦である」とつづった弱さこそ、自分を超えた人間の普遍的な苦悩の原点を指し示している。何よりも重要なのは、パスカルが言うように「人間の偉大さ」は、その弱さを知っていることにあるということである。

だから私は「自分が嫌いでしょうがない」という人に出会うたびに、「あなたは、人間を見るセンスがいいね」「パスカルに言わせると、あなたは偉大な人ですよ」と誉めることにしている。

自分を振り返ってみても、小学校の頃から、次第に見えてくる自分のなかにあるさまざまな感情や欲望へのとまどい、泥沼化するベトナム戦争と激化する大学紛争から透けて見える社会の不安定さをまえにして、大人の世界に足を踏み入れることに躊躇《ちゅうちょ》していたことを思い出す。そして、中学校に入り、教師からの執拗な体罰の洗礼が、人間関係の苦労という今につながるテーマとの出合いとなった。そのときから、私のなかに「憂い」という二文字の感情が、泉のようにわき上がり、いつも心を揺らしていた。

それ以来、自分自身と世界に内在する「人間の悲惨さ」に、どう向き合うかが私自身の最大のテーマとなっていった。不思議だったことは、私にはそれを「悩み」ととらえる感覚がなかったことである。私は「苦悩」しているのであり、これは個人的な悩みではないという強い自負心があった。自分自身の行きづまりに、どこか誇りと使命感を取り戻そうとする自分がいた。日々苦しみつつ生きている世界中の人々との観念的な連帯が、それを可能にしていた。

必死に自分と世界に対して折り合いをつけようともがいていた私にとって、学校の教師から発せられる規則の遵守や学力の向上にむけた叱咤激励のことばは、私が見ていた現実からは遊離した無味乾燥なものでしかなかった。それに反発するように、高校時代は、学習の目標を赤点すれすれの三十点に定め、残りの七十点分のエネルギーをクラブ活動や教会での活動に注いでいた。三年生は高体連の春の大会を機に引退し、一気に受験勉強に励むのが常道である。おそらく、母校の歴史上、卒業式の前の日までクラブ活動をしていたのは、後にも先にも私以外いないだろう。

話は戻るが、最近、自分が嫌いだという女性メンバーが中心となって、「人間アレルギーの研究班」が立ち上がった。「人間アレルギー」とは、文字どおり、人間に対してアレルギー反応が生じる状態をいう。花粉やミルクアレルギーのように、人と接すると、頭痛がしたり、冷や汗をかいたり、苦痛を感じたりするが、離れると一瞬落ち着く。

やっかいなのは、「自分」という人間にも反応を起こすことである。だから、あまり自分と向き合わないようにしたり、自分を掘り下げないようにしたり、アルコールや薬物を常習し、感覚を鈍らすことによって回避する。同じように、自傷行為も一種の「自分」からの回避行為といえる。

偶然かもしれないが、最近の難病の多くはこのような「自己免疫疾患」である。つまり、本来は自分の身体を異物から守るためにある免疫というシステムが、敵味方――自己と非自己――の識別の混乱をきたして、自分の身体の組織や細胞に対して攻撃を加えてしまうのである。その意味では、人間アレルギーは「心の自己免疫現象」と言えるかもしれない。

自分の意思に反して、自分と人にアレルギー反応が起きてしまう「人間アレルギーの研究」ではじめて明らかになったことは、メンバーの体質に共通する「潔癖志向」である。毎日のように自分の心の部屋に、除菌クリーナを散布して磨き上げようと必死になっている。少しの「ほこり」にでも過敏に反応して、除菌作業に精を出し、つかれはてている。

そこにおける回復とは、自分という人間も含めて、そしてこの社会も、実はあたりまえに矛盾していて、人間の努力を超えた不条理さと不確かさに満ちているということを受け入れ、〝あきらめる〟ことの延長線上にあるような気がする。

おもしろいことに、人間アレルギー体質をもっている人は、同じ体質をもった人のまえでは反応が起きにくい。潔癖なはずの彼女らが安心を取り戻すことができるのは、意外にも騒々しく、落ち着きがなく、笑いと喧嘩と涙と汗の臭いが充満し、人の垢《あか》にまみれた

「べてる」という世界だった。

「人間アレルギーの研究」ははじまったばかりである。その研究班の立ち上げのきっかけになったある女性メンバーは、自己否定の感情をぬぐい去ることができず、いのちを削るような自傷行為をくりかえし、もがいてきた。その彼女がことばを寄せてくれた。

「居場所を求め続けてきて、やっと今、浦河にたどりついた。ここには、自分の気持ちをあたりまえに公開できて、自分の気持ちを語れる場がある。そして、それを聞いてくれる仲間がいる。気持ちをことばにする……そんなあたりまえのことがどんなに大切なことであったのか、ここに来てあらためて気づかされた。人と人が心で触れ合えるあの感覚。浦河に来て、そういう人から感じるやさしさに触れ、幸せを感じている。みんな弱さをもっているからこそ、心と心のコミュニケーションが成立するのかもしれない。人は人のなかで存在し、死を迎える。だからこそ、人として生まれた意味を追求したい……。」

公私混同のすすめ

先日、東京でもたれた講演の質疑応答の際、ひとりのソーシャルワーカーが質問に立った。

「当事者のみなさんは、向谷地さんの携帯番号をご存じで、いつでも電話をかけているようですが、私の感覚から言うと、ちょっと信じられません。これは私だけではなく、私のまわりの誰もがイメージのつかないことだと思います。」

この手の質問は、現場の専門職からは、よくされることである。ソーシャルワーカーをはじめとする援助職の「守らなければならないこと」に、自分のプライバシーがある。ソーシャルワーカーである自分の住所や電話番号は、その最たるものだ。

私はこの職に就いてからこれまで、それらを守ることを意図的に破ってきた。名刺には、勤め先の住所と電話番号はもちろん、自宅の住所と電話番号が載せてある。ソーシャルワーカーとしての駆け出しの三年間は、病院勤めをしながら回復者のメンバー数人と同じ屋根の下でいっしょに暮らす経験もした。

結婚して子どもができてからは、べてるのメンバーが、共働きをしていた私たち夫婦の重要な「社会資源」*になった。留守番、保育園への迎え、乳母車を押しての散歩など、メンバーなくしては私たちの生活は成り立たなくなっていた。いっしょに旅行にも行ったし、食事会は楽しみな恒例行事であった。

我が家に、家庭の事情で行き場のなくなった子どもが、泊まり込んでくることもある。そんなことから、里親の登録をし、べてるのメンバーでもある高校生を里子として、最近までサポートしていた。

川村敏明先生（元・浦河赤十字病院、現・浦河ひがし町診療所の精神科医）の〝公私混同〟ぶりはもっと徹底している。またの名を「べてる村」と称され、山と小川に囲まれた二千坪の敷地に立つ川村家は、三日に一度は、べてるのメンバーをはじめとする来客者をもてなすパーティー会場と化す。もちろん、そこには入院中のメンバーも参加する。

主治医であるはずの川村先生も、誰が入院中で、誰が退院したのか混乱をきたすこともあるそうだ。そして、「べてる認定一級子育て士」の認定を受けたこともある奥さんは、さながら〝べてる保育所〟の専属スタッフのように、スタッフやメンバーの育児サポートをしている。

以前、浦河でいっしょに仕事をしたスタッフに相談されたことがある。まえに勤めていた病院では、白衣を着て「私はソーシャルワーカーです」と気を張って、仕事の顔をし、家に帰ったらチャンネルを切り替えて自分の時間と場所のなかで、羽を休めることができた。しかし、浦河ではそれができない。べてるのメンバーは、いとも簡単に白衣というバリアーをすり抜けて、自分の心に飛び込んでくるというのである。ポンと肩を叩かれて、「元気か、無理すんなよ」とまるで自分の気持ちが見透かされたように、さりげないことばをかけられることのうれしさとつらさを語っていた。

病棟の看護師にも「白衣を脱いでは、べてるに行けない」という人がいるほどである。べてるのメンバーから発せられる「生きる」ことの、むき出しになった苦労を見ていると、私たちはついついそのなかに、普段接することのない自分を見てしまうものである。そして、白衣と、専門家という肩書きは、そのような「直面化」から自分を守ってくれる最後の砦となり、知らず知らずのうちに私たちはその権威に依存しがちである。

二月のことだった。ザク、ザクという凍りついた雪を砕くような音と人の歩く気配に目が覚めて、時計に目をやると午前三時だった。じっと耳をすましていると、その気配はスコップで雪かきをする様子に変わった。「ケンさんだ……。」私の脳裏には、退院したばかりのべてるのメンバーの顔が浮かんだ。ケンさんは、六十代なかばという年齢の割には、老けてヨボヨボしている。

しかしいいかげんに、眠たいうえに面倒くさい。そのまま放っておこうと二度寝を決め込み、布団を深く引き寄せたとたん、聞き覚えのある声が暗闇に響いた。

「向谷地さん！　起きれ！　雪積もってるど！　雪かきするべ！」

しゃがれた東北なまりの声と、ベランダのガラスをドンドンと叩く音で、眠気は一瞬のうちに吹き飛んだ。やっぱりケンさんだった。外に出て見ると、雪明かりに照らされて薄ぼんやりとした暗がりのなかで白い息を吐きながら、一生懸命に雪かきをするケンさんがいた。

「ケンさん、ご苦労さん……」と声をかけると、ドキッとしたように私のほうを振り返り、「ごめん、ごめん」と言ってあやまってきた。私は「ケンさん。もう帰ろうよ」と、べてるの住居まで車で送り届けた。

ケンさんは、正月に突然我が家に遊びに来たこともある。「えっちゃん、いるか……」

と、かみさんの名前を呼びながらベランダから入って来たのはよかったが、足もとを見ると靴を脱ぎ忘れていた。

朝起きたら、茶の間で寝ていたのは、べてるの乾杯部長の岡本勝さんである。その時は、さすがにドキッとしたが、めずらしい光景ではない。

岡本さんの口ぐせは「何か食うものないか」である。何でも好きだが、何といってもいちばん好きなのがコーヒー牛乳である。一リットルパックのコーヒー牛乳を、歩きながら豪快に飲み干す。一日四パックを飲む岡本さんのために、近所のスーパーでは、岡本さんのために特別に仕入れをしていると聞く。

一度、みんなで岡本さんがべてるに住むようになった十五年間に、どのくらいのコーヒー牛乳を飲んだかを計算したことがある。その結果、少なく見積もっても二十トンを超えるという結果が出た。自転車に乗って交通事故に遭い、数日入院したときには、店も在庫の処理に困ったらしい。ついでに言うと、退院直後にべてるに来客があり、仲間といっしょに自己紹介をする際、岡本さんは自己紹介を「事故」紹介と取り違え、一生懸命に交通事故のてん末を解説していたのを思い出す。

プライバシーの尊重や個人保護の重要性が叫ばれるなかで、私はあえて、べてる流の〝公私混同〟が世に広まることを期待したい。

伝える、知られる、つながるということは、自分という存在が誰にも知られず、関心ももたれていないという不安と恐怖のなかで生きてきたべてるのメンバーにとどまらず、すべての人にとって必要な生きるための不可欠な栄養素だからである。

＊社会資源＝人々の生活の諸要求や、問題解決の目的に使われる各種の施設、制度、機関、知識や技術などの物的、人的資源の総称。

「あいだ」に生きる

土曜日の夕方、札幌から浦河に向かう車中で携帯電話が鳴った。着信表示は、いっしょに働く病院のワーカーの名前だった。だいたいこんなときは、何らかのアクシデントが起きていることが多い。頭のなかであれこれと予想される出来事を思い浮かべながら、走行中の車を路肩に停めた。

「Mさんが、また〝爆発〟したらしいのです。今、べてるのスタッフが現場に向かっています……。」案の定、連絡の内容は最近〝爆発〟が相次ぐ、統合失調症をかかえるMさんへの対応をめぐる連絡と相談だった。

さっそく、現場に駆けつけているべてるのスタッフに連絡を取った。〝爆発〟の〝被害状況〟を確認すると、電子レンジのドアがはずれてぶら下がり、窓ガラスが二か所破損、瞬間湯わかし器が壁から引きちぎられるようにはずれて落下し、眼鏡がクシャクシャになって床に転がっている、ということだった。

すでにMさんも落ち着きを取り戻しており、電話口に出てくれた。

「Mさん、大変だったね。すごい爆風に襲われたみたいだね。……落ち着いたかい？」と声をかけると、「向谷地さん、また、やっちゃいました。イライラをがまんしていたら〝ことばのお客さん〟にもっていかれて……」と落ち込んだ声をしながらも、いつものように生真面目なことばづかいで事の成り行きを説明してくれた。

私はMさんに、「やっぱり〝ことばのお客さん〟にやられたんだ。大変だけれど、もう一度作戦の練り直しをしましょう」と、早めに〝爆発〟救援隊の「〝爆発〟ミーティング」を開催することを提案した。

Mさんばかりではない。最近、〝爆発〟救援隊の主要メンバーが、隊長を先頭に相次いで〝爆発〟に襲われ、仲間を助けるどころか自分の身を守ることで精一杯の状態が続いている。

〝爆発〟救援隊長であるヒロシ君は、〝爆発〟をくりかえすなかでそのメカニズムを解き明かし、新しい考え方や対処方法を模索し、実践を重ねてきた。そして、否定的な内容の幻聴や〝ことばのお客さん〟に襲われたときの対処、日ごろの仲間とのつながりの重要性という回復のポイントを探し当てて、暮らしに応用しはじめていた。その努力をあざけるかのように〝爆発〟が相次いでいる。

ここに、この〝爆発〟というテーマの奥深さと難しさがある。

彼らの多くは、〝爆発〟を抑制する手段として多剤多量の薬物療法に依存し、家族や専門スタッフに生活を管理される。そして、地域で暮らすことをあきらめるか、家に引きこもるかしかなかった。〝爆発〟救援隊のメンバーはその状態から脱却し、あたりまえの暮らしを取り戻すために、地道な作業を続けてきた。しかし、手応えを感じながらも、その道のりは依然として険しい。

先日、病棟に出向いた際、統合失調症で入院中の青年と話す機会があった。彼もいわゆる「〝爆発〟系」である。自分の考えがみんなに読まれているという思考伝播に苦しみ、それに影響された暴力や自傷行為によって、入院を余儀なくされている。

その彼が「向谷地さん、日赤病院は何とかならないんですか。こんなひどい病院に、自分はいられませんよ。まえの病院に戻りたい気分ですよ」と厳しい表情で話しかけてきた。「どこが、気に入らないのですか?」と聞くと、「とにかく、自由すぎますよ。出入りは自由だし、ちゃんとした規則もないし……。もっと、職員は患者を厳しく管理してくれないと、僕のような人間は困ってしまうんです。あれしろ、これしろと指示してくれたほうがいい。自由すぎることは自分に合わないんです」と言う。

幾多の〝爆発〟をくりかえすなかで、〝爆発〟しないということだけが生活の目標になってしまうと、結果的に「見ない——自分を見ない」「聴かない——人のことばに耳を傾けない」「言わない——〝ことば〟を失う」「しない——引きこもる」という〝四《し》ない主義〟に陥ってしまう。そして、人に管理される生活に安住してしまうのである。その青年は、この意味で典型的な〝四ない主義〟になっていた。

精神障害をかかえる当事者が陥る〝爆発〟という問題を考えるための大切な視点とは何だろうか。そんなことを思いめぐらしていたとき、ある方が精神病理学者の木村敏氏へのインタビュー記事を紹介してくれた。

「……この半世紀はね、精神病理学がマイナーになっていった五十年でもあるんです。精神病は心の病か、脳の病気かという議論は一八世紀から続いてきたのですが、戦後、抗精神薬が登場して、薬で治せる、だから脳病だとする学説が〝勝った〟ことになった。特に八〇年代以降は。私はそんな風潮に反対してきたのです。

もちろん、ある意味で進歩と思いますよ。でも薬だけで解決はできない。精神病の根源は個人でなく、個人と個人の関係性、私が呼ぶ〝あいだ〟にあるのではないかと思う。自分のあり方を決めているのは、他者との関係にほかならないのですから……」（「朝日新聞」二〇〇五年二月二十六日、文芸欄より）。

この記事を目にして、今さらながら〝爆発〟救援隊 の存在の大切さを知ることができた。同じ苦労をかかえた当事者同士が結束し、互いに励まし合いながら、この困難な道を歩もうとする絆という〝あいだ〟を育むことの大切さである。

Mさんが〝爆発〟した二日後に、〝爆発〟救援隊の緊急〝爆発〟ミーティングが開かれた。集まったのは、現在深刻な〝爆発〟が続いている三人である。名づけて〝爆発三兄弟〟である。

このミーティングの目的は、「自分の回復は、万人の回復につながっている」というつながりの意識を取り戻すことと、自分と向き合う〝腕を磨く〟ための研究――当事者研究である。

ミーティングの終わりには、お互いの結束とつながりを確認し、「今日一日を生きよう」というメッセージを込めて手と手を重ね、絆を確かめ合うパフォーマンスをした。

その夜、入院中の〝爆発〟救援隊の隊長であるヒロシ君から電話がかかってきた。病院の公衆電話からだった。「向谷地さん、お金がないので手短に言います。自分の研究が自分ばかりではなく、人の役にも立つと思うと、とてもうれしいです。今、また新しいことを発見したので、メモに書いておきました。また、見てください……。」

私はひとこと言った。「隊長、了解！　今日一日ご苦労さま！」

IV

歓迎！　べてるまつり

今年も、べてるまつりの季節がやってきた。はじめは、「べてる総会」と言っていた。「浦河の町でいちばんみじめなことは、精神病になって日赤病院七病棟のお世話になること」とうわさされるなかで、〝七棟出身者〟である早坂潔さんを中心に、地場の日高昆布の産地直送という「起業」に挑戦したのが一九八三年であった。

その後、回復者クラブのリーダーであり、印刷会社に勤めていた佐々木実さんをヘッド・ハンティングして社長に招き、当事者を含めて全国各地の有志の出資を得て、介護用品など福祉用具を扱う有限会社を設立した。

その朝にならなければ、誰が出勤してくるかわからない会社で、統合失調症ならぬ「逃亡失踪症」をかかえ、プレッシャーがかかると、仕事中にもかかわらず逃走する荻野仁施設長をはじめ、仕事が混み合ってくると一瞬のうちに記憶が飛んで白紙状態となり「とぼける」〝ミス・リセット〟こと「統合失調症サトラレ型」の清水里香施設長、さらに自称、女とお金にめっぽう弱い「精神ばらばら状態」の早坂潔代表などの面々を見ても、べてるは会社として利益を出し、法人としての適切な運営をするという趣旨から程遠い人たちによって支えられている。

人間関係というあらゆる組織の生命線ともいえる部分に、もっとも深刻な「もろさ」をかかえた人たちによって成り立つ組織、それがべてるの特徴である。しかし、その「もろさ」ゆえに自らがかかえている「弱さ」を語り、伝え合うことが支え合いの原動力となった。深刻な問題であるはずの「もろさ」が、べてるが今日まで存続できたことのいちばんの理由であった。

「この人さえいなかったら……」という人のおかげで新しい事業が生まれ、もっとも能率の悪い人のおかげで職場に笑いと余裕ができ、雰囲気がよくなり、職場全体の効率性が増した。「忌まわしい病気」と思っていた精神障害の体験から、次々にビデオが製作され、当事者の語りが本となり、講演にも呼ばれるようになった。まさしく「昆布を売ります、病気も売ります」である。べてるの歩みは、まさしく起業の歩みであった。

そんなべてるの歴史のなかで、今、新しい動きもはじまっている。女性メンバー四人による起業への挑戦である。

この四人に共通しているのが、自己病名「人間アレルギー症候群」である。「人間アレルギー症候群」とは、自分も含めた「人間」に対して起きるアレルギー反応である。抗原（アンチゲン）と化した人間に接するとさまざまな症状が出現し、生きていくことが困難になる。やっかいなのは、自分という人間に対しても、猛烈なアレルギー反応を生じることである。

「自分なんて、生きていたってしようがない」という自己否定の感情から、「自己虐待」ともいうべき自傷行為の泥沼にはまりこむメンバーもいる。

「一人一起業」の掛け声に集った四人の女性メンバーは、さっそく創業に向け、理念づくりの作業に取りかかった。「どんな会社を作りたいか」という〝理念出し〟の作業には、それぞれの働いた経験が色濃くにじみ出る。

話し合いの結果出された理念は、「心と身体に優しい会社づくり」「いつでも廃業」「出勤したくなる会社」「むなしさを絆に」「期待されない会社」「安心を届ける」である。起業のキーワードは「過疎――浦河という過疎の町ではじまった」「病気――精神障害をかかえている」「金――懐工合が悪い」「女性――四人の女による」である。仕事の内容は幅広い。音楽ＣＤの企画・販売、出版、翻訳、通訳、研修企画、さまざまなべてる関連のグッズの企画と販売などである。

起業をする際に忘れてはならないのが、「苦労の先取り」作業である。起業の過程を通じて起きてくるであろう、人間関係の難しさ、方針をめぐってのぶつかり合い、〝自己否定のお客さん〟からの襲撃など、「苦労」をあらかじめ予測しておくのである。

「苦労の先取り」で大切なのが、「それで順調！」という「楽観」である。この楽観は、仲間と場を信じる態度から生まれる。しかし、信じるということで大切なのは、根拠や実感を求めないことである。いいかげんでよい。ヤケクソでもよい。「そんなの信じられない」というあいまいさと不安があるままでもよい。とにかく「信じるが勝ち」なのである。

起業に向けた準備作業のクライマックスは、会社名を考えることであった。

会社経営は、何よりも利益がなくては成り立たない。しかし、「むなしさ」を絆に集った四人のメンバーは、その利益を上げるという大義名分からは程遠く、「生産性がない」という烙印を押された経験をもっている。

競争原理や成果主義を取り入れることが、会社の生き残る必須の条件であるかのような空気が社会に蔓延《まんえん》するなかで、病気をかかえ、まったく起業のノウハウもない素人が会社を作ることは、実に無謀《むぼう》な計画である。その無謀さを大笑いしながら語り合っていたときのひとりのメンバーのことばが、みんなの心をとらえた。

「自分たちの強みは、矛盾をかかえながら生きてきたことだよね。」

するど、別のメンバーから「むじゅん社でどうだろう」という声があがった。「それはいいね。むじゅん社で行こう!」そのような話し合いによって、「むじゅん社」は生まれた。

この話し合いには、昆布の産地直送や有限会社を立ち上げたときのなつかしい場の雰囲気が、着実に受け継がれている。べてるの起業の精神が、若いメンバーに受け継がれ、新しい芽吹きとなっていることがうれしかった。


「安心して働ける職場づくり、自分づくり」というテーマを掲げた「べてるまつり」には、全国各地から二日間で、のべ九百人余りの人が訪れた。

まつりの目玉である就労シンポジウムでは、「むじゅん社」の起業に向けた取り組みが、代表取締役に就任した山本賀代さんから発表された。いつも、閑散としている町の通りは、まつりの参加者でにぎわった。

「べてるの家」の交流拠点「四丁目ぶらぶらざ」(現・カフェぶら)のある四丁目商店街

を通ると、それぞれの店のまえには、商店街の店主手作りのポスターが貼ってあった。祝い事を知らせる赤字のポスターには「歓迎！　べてるまつり」と書いてあった。

はじめての出来事でもあり、うれしさのあまり、記念写真まで撮ってしまった。いつも〝ぶらぶらざ〟に顔を出してくださる、近所にある和食処のご主人のことばが頭をよぎった。「商人にとっては、どんな方でもお店に来てくれる方はお客さんです。わけ隔《へだ》てはありません……。」

いろいろなことがあった。そして、また一歩、地域に踏み出したような気がした。

べてるウィルス感染症

〝人間アレルギー症候群〟を自己病名としてもつ女性四人が試みた、「むなしさを絆に」をキャッチフレーズにかかげる「むじゅん社」の起業は、順調な滑り出しをみせている。予想どおり、〝順調な苦労〟が多い。

最初の注文となった音楽CDの作成においても、資材の調達に、スタジオとの調整、何百というセット組に必要な人手と販路の確保、何をするにも人と会うことや打ち合わせは、避けて通ることができない。

〝人間アレルギー症候群〟をかかえるメンバーは、緊張感や冷や汗、動悸、息苦しさ、においに対する過敏性、のどの渇き、胃の圧迫感や脳の収縮感にさいなまれる。独特の身体反応をはじめとする五感の変調によって、人をまるで異物と感じ、はじこうとする。その結果、人のつながりが断たれ、孤立してきた。

そのようなメンバーが経営していることが、人と関わることによってしか事業が成り立たない「むじゅん社」の事業運営上の最大の弱点である。常識的に考えて、会社として事業の存続、ましてや成功をイメージできる人はほとんどいないだろう。しかも、メンバー自身がすでに「うまくいくもんか」「嫌われてるぞ」という〝マイナスのお客さん〟に毎日さいなまれて、身体は緊張と不安でガチガチになっている。

だからといって仕事を投げ出し、開店休業状態になってはいない。今までどおりの身体反応が起き、〝マイナスのお客さん〟に襲われて、「向谷地さん、大変だ！」というメールが送られてくるが、そのような危機状態とは裏腹に、見事にCDの作成は進み、納品作業が進んでいく。これは、今までは考えられなかった〝異変〟である。

そんな折、むじゅん社のマネージャー役をしている女性メンバーから電話が入った。

「向谷地さん、私、最近、ますます変になってきたんです。もう、どうしよう……。」

彼女は、自己病名でもある〝人間アレルギー症候群〟の名づけ親でもある。浦河に来るまでは、人とのつながりから断ち切られていくような不安と、人を嫌悪する心身の反応に苦しみ、その結果として常に自分をこの世から抹消したいという衝動にさいなまれ、数限りのない自傷的な行為の虜《とりこ》になってきた。

「人から必要とされたい」「認められたい」といった強い願望を抱きながら、そうなるために人から期待される人間であろうとして、現実の自分を否定していた。そして、いつも周囲に超高感度のアンテナを張りめぐらし、ひとりひとりに自分を合わせ、仮面を使い分けるカメレオンのような人づきあいをくりかえしてきた。

マネージャー役である彼女の最近の奮闘ぶりを間近に見ていることもあり、あまりのせっぱつまった言い方に、私は、不謹慎にも思わず笑いながら一応たずねてみた。「〝私、変なんです〟ということばはずっと聞かされてきたけど、〝ますます変〟というのは、とても興味があるね。」

すると彼女は言った。「笑わないでくださいよ。冗談じゃなくて、ほんとに変なんです。私は今まで超人間アレルギーだったので、一度、人を嫌いだとか苦手だとか思うと、ずっとその人に対するアレルギー反応が続き、苦手なままできたんです。その人のことを思うことさえ拒絶してきたんです。

だけどね、最近はその拒絶感だとか嫌悪感が長続きしないんです。あんなに嫌いで身体も拒絶していたのに、そのうちに〝この人はこんなよいところもあるんだ〟とかいう考えがぐるぐる回ってきて、知らないうちにあいさつして、何もなかったように親しく話をするようになって……。会話をしながら、〝あれ、今までと違う……〟ととまどう気持ちも現れるんです。

本当に私はどうなってしまったんだろうって、怖くなるんです。人に対して表面的に愛想を振りまくようになった気がして……。私、これ二重人格ですよね……?」

私は、そのあまりの〝深刻さ〟に再び笑ってしまった。「それは、かなり〝重症〟だね。本当にいったいどうなってしまったんだろうね。ところで、最近何か変わったことは?」

そうたずねると、彼女は、「そうだ、最近、むじゅん社のメンバーと話すことが多くなった。あとは、早坂潔さんとよく話すようになったことかな。いろいろな経験を話してくれるし、参考になることが多いから」と答えた。

私はそれを聞いて、なるほどと思った。

「〝早坂潔〟と話す機会が多いということは、〝べてるウィルス感染症〟の疑いが強いね。彼はウィルスの宿主だからね。しかも、さっきの話からすると、かなり濃厚な感染かもね。だんだんいいかげんになってきて、まわりの人がみんないい人に見えてくるというのは、〝べてるウィルス感染症〟の一級症状で、今までの経験から言うと、回復はきわめて困難だと思ったほうがいいね。しかも、感染力は弱いけど、一定の潜伏期間を経て、じわりじわりと同じ体質をもった人たちに広がる傾向がある……。」そう言うと、彼女は電話の向こうでケラケラと笑いだした。

〝べてるウィルス〟に感染すると、「反転症状」というものが起きてくる。代表的な「反転症状」は、〝病気〟なのに心は健康になる、〝貧乏〟なのに豊かになってくる、〝過疎地〟なのに商売が繁盛する、〝病気〟のおかげで昆布が売れる、〝病気〟のおかげで友だちができる、〝絶望〟するほど「いい落ち方してきたね」と誉められる、〝病気〟になってホッとする、などである。〝べてるウィルス〟に感染すると、こういった症状がジワジワと起こりはじめる。

もう一つは、「無力症状」というものがある。これは特に専門家と呼ばれる人と、その周辺に起きる症状である。何も問題が解決していないのに、いつのまにか〝解消〟されることが起きる。そして、「すること」よりも「しないこと」がうまくなる。

電話をくれた彼女が、以前、不調を訴えて頻繁に精神科の外来を受診していたとき、主治医の川村先生が「医者にかかりすぎだよ。今、必要なのは仲間の栄養だよ」と言った対応がそれにあたる。

ソーシャルワーカーである私に起こったことは、メンバーから相談を受けるよりも、メンバーに相談をすることのほうが多くなったことである。浦河教会の牧師も、自信満々に「救えない牧師」を標榜《ひょうぼう》するようになった。

「これって、いいんですか?」と電話の向こうで不安げに相談してくる彼女に私は言った。

「感染おめでとうございます。これから、いい苦労がはじまるね。」

〝幻聴さん〟、いらっしゃい

最近の電話相談件数ナンバー・ワンは、統合失調症をかかえる二十代ののぞみさんである。携帯への着信は一日十件を下ることがない。出会ったのは、彼女の両親から相談を受け、家庭訪問をしたのが最初だった。彼女は、高校卒業後、自宅に引きこもり、人との関係を断っていた。

数回、訪問をしてわかってきたのは、彼女は〝幻聴さん〟に操られているということだった。孤立のなかで彼女なりの世界が構築され、必死に何かと戦っていた。

家族がいちばん大変だったのは、聞こえる声の誘いにのって彼女が遠くに出かけてしまうことだった。〝幻聴さん〟に「○○の場所で待ってるよ」と言われれば、ついついその声に従ってしまう。そういう行動をするのは、なにも彼女だけに限ったことではない。よくあるのがアイドルやスターの声に呼ばれることで、周囲がどんなに「そんなことはない」とか「病気だ」と説得を試みても、「西城秀樹が呼んでいる」と言って東京にまで出かけてしまった人もいる。

突然、〝幻聴さん〟がはじまると困るのは、それが現実なのか幻なのかの見極めである。そのため、のぞみさん訪問時に私が心がけたのは、彼女を支配し、コントロールする〝幻聴さん〟の存在感を上回る私自身の〝存在感〟を発揮することだった。

声のかけ方、目線の合わせ方、身ぶり手ぶりに工夫をこらす。不自然にならない声で、大きくはっきりとわかりやすいことばを使うように心がけた。当事者は周囲の状況を把握し、判断し、適切な行動をとることが困難になっているため、複雑であいまいな態度は、混乱にますます拍車をかけることになるからだ。

特に、〝幻聴さん〟という壁に囲まれているのぞみさんの場合、耳からのコミュニケーションはとりづらい。そこで確保すべきコミュニケーションの入り口は、目である。身ぶり手ぶりを大切にしながら、得体の知れない不安と混乱に陥っているのぞみさんに、「助けに来たよ！」「大丈夫だよ」「よくがんばってきたね」というこちら側の意図を伝えるのである。それは、のぞみさんを取り囲む〝幻聴さん〟バリアをくぐり抜け、奥でうずくまっている彼女自身のかたわらにメッセージを届ける作業でもある。

当事者の言動への見当違いな注意や指導は、百害あって一利なしである。それをすると、〝幻聴さん〟が当事者を責めている場合、責めてくる〝幻聴さん〟の片棒をわれわれが担いでいるような錯覚を起こしてしまうからである。

「いつでも助けるからね。いつでもＳＯＳの連絡をちょうだい」といって訪問をくりかえし、「この人であったら話せる」という関係づくりをするなかで、のぞみさんも無事に入院治療へと結びついた。

退院後、町内にあるグループホームに住み、べてるのプログラムに参加しているのぞみさんの苦労は、やはり〝幻聴さん〟とのつきあいである。服薬をしていても、消えない〝幻聴さん〟に苦労するメンバーは多い。最近の彼女の相談の内容も、ほとんどが〝幻聴さん〟とのつきあいにまつわるものである。

そんなのぞみさんに突然、オメデタイ話がもち上がった。なんとそれは「結婚」である。

「ねぇ、向谷地さん、私ね。結婚しようかと思っているんだけど……。」

のぞみさんが誰かとつきあっているとか、好きだとかいううわさをまったく耳にしたことがなかった私は、この電話の〝落ち〟をあれこれと想像しながら、必死に笑いをこらえて聞いてみた。

「結婚……それはうれしい話だね。ところでお相手は……。」すると彼女は恥ずかしそうに、「相手はね……小泉さんさ」と言いながらケラケラと笑いだした。「小泉さんというと……どこの小泉さん？」とあらためて聞くと、「あのね、小泉総理」と私の呑みこみの悪さにあきれたような声で言った。

やっぱりその手の〝落ち〟かと妙に納得した私は、たたみかけるように聞いてみた。「へぇーそうか、あの小泉総理。なれそめはいつ？　どこで知り合ったの？　じゃ、ファーストレディーだね。すごいね。」

すると彼女は言った。「だって、聴こえてくるんだもの。〝幻聴さん〟の小泉さんが最近、結婚しよう、結婚しようってしつこいんだよね。だから、私も結婚してあげようかと思って……。」私は言った。「そうか、幻聴の小泉さんがのぞみさんにほれたんだ。〝幻聴さん〟の小泉さんも、郵政で国会が忙しくて大変ななかで、のぞみさんにプロポーズしてたんだ。さすが、小泉さんだね。いい人に目をつけたね。仲人も引き受けるよ。」そう言うと、彼女は電話の向こうで大笑いした。

数日後、のぞみさんからいつもの調子で電話がかかってきた。「向谷地さん、ごめんね。何度も、何度も電話をかけて。今度はね、いやな〝幻聴さん〟が入って来て、困ってるんだよね。私の悪口を言うんだよね。」

「そうか、このままで、おめでたい〝幻聴さん〟だったのに、いじわるな〝幻聴さん〟が来たんだ。」そこで私は彼女にお願いをした。「ところで、のぞみさん、ちょっとその〝幻聴さん〟に名前を聞いてもらえるかな……。」

〝幻聴さん〟に名前を聞いたことがないのぞみさんは、一瞬とまどったように「どうやって聞くの?」とたずねてきた。私は、他のメンバーの対応を思い出し、「はじめての人に名前を聞くように、〝すみません、お名前を教えてください〟と聞けばいい」と伝えた。

彼女は、電話の向こうにまるで実在の人が立っているかのように、「すみません、お名前を教えてください」と語りかけた。そして、すぐに「向谷地さん、わかったよ。〝タカハシ〟だって、もうひとりが〝オダ〟」と教えてくれた。その二人の〝幻聴さん〟には、彼女もほかの仲間がしているように、何度も「もう、お帰りください」と懇願したが、「何それ!」と無視されたという。そこで、とっさに作戦を変更することにした。

「のぞみさん、それじゃ、今度は、僕が直接この電話で〝タカハシ幻聴さん〟と〝オダ幻聴さん〟に頼んでみるから、ちょっと聞いててね」と言って、私は受話器の向こう側にいる二人の〝幻聴さん〟をイメージしながら語りかけた。

「〝タカハシ幻聴さん〟、〝オダ幻聴さん〟、いらっしゃいませ。いつも、のぞみさんを心配していただいてありがとうございます。おかげさまで、仲間もたくさんできて、多くの人に愛されて元気でやっています。相談することも、たいへん上手になりました。ですから〝タカハシ幻聴さん〟、〝オダ幻聴さん〟も、安心して今日はお帰りください。よろしくお願いいたします……。」

そう語り終えると、のぞみさんはうれしそうに言った。「向谷地さん、二人共帰ったみたいだね！」

それは、〝幻聴さん〟への対処の新しい技がまた生まれた瞬間だった。「のぞみさん、この技は使えそうだね。」そう言うと、彼女も「おもしろい技だね」と気に入ってくれた。さっそく、のぞみさんの名前を冠した「間接的〝幻聴さん〟お願い法のぞみタイプ」という〝幻聴さん〟への新しい対処法として、べてるスキルバンク*に登録を申請しようと思っている。

＊べてるスキルバンク＝統合失調症などの症状をかかえる当事者が、自分や仲間との共同の研究や体験から見いだした症状への対処法を登録し、公開するシステム。現在準備中。

当事者の風

ある地方での講演の終了後、ひとりの青年が「ちょっと、お話をしてよろしいですか」と声をかけてきた。

「僕も統合失調症をかかえているんですが、今日は、べてるのみなさんのお話を聞いて、話すことと仲間の大切さを学びました。でも、僕の通っているデイケアでは、メンバー同士が病気の話をしたり、個人的な話をしたりすることは、よくないことだと言われていま す。どう思いますか……。」いっしょに聞いていたべてるのメンバーは思わず、「病気をつくっているようなもんだね」と言った。

別の会場では、「病院で知り合ったメンバー同士が、病院外で会うこと、メールアドレスや携帯電話の番号を交換することは禁止されています」という統合失調症をかかえる当事者と出会った。その理由を聞くと、以前、当事者同士の金銭の貸し借りがトラブルに発展したことがあり、それが病状に影響するからだという。

最近の極めつけは、あるクリニックの例である。主治医から勧められてデイケアに通うかどうか迷っていたメンバーは、すでにそこを利用している仲間から情報を得ようと考え、直接、デイケアに足を運んだ。そして近くにいたスタッフに「今日は、○○君来てますか?」と聞いたところ、「個人情報保護のため、お答えできません」と対応されたという。

一九七八年、はじめて精神医療の現場に新米のソーシャルワーカーとして足を踏み入れた私が、ソーシャルワーカーの役割についてと当時の心境を、院内の勉強会で発表したことがある。それは、病院としてはじめて採用したソーシャルワーカーという職種の役割を知りたいという声があったからである。四百人に及ぶ職員のなかで、院内ではじめてのソーシャルワーカーとして悪戦苦闘していた私にとって、渡りに船であった。

「精神医療の現状とソーシャルワーカーの役割」というテーマで、三十分ほどの時間が与えられた。

そこで私は、生意気にも精神「医学」が本来の患者さんの心身の痛みや苦痛を取り除く役割を果たすことがなく、「囲い込みの〝囲〟学」に陥っていること、そして、「看護」が、病気をかかえた誰よりも安心を求めているはずの患者さんを「管理する〝管〟護」を中心にした仕事になってしまっていること、最後に、病気や障害をかかえたなかで安心して生活や療養をすることを保障する権利としての「福祉」が、「服従を強いる〝服〟祉」に陥っている、という問題意識を率直に話した。

今にして思えば、ベテランの医師や先輩職員をまえにして、若気の至りで、かなり思いきった話をしたものだとちょっと気恥ずかしくなる。


「専門家であることの意味」に対する問いは、その時から今に至って、私自身の大切なテーマであり、ソーシャルワーカーとしての自分の一つの〝わきまえ〟でもある。その〝わきまえ〟とは、これまでに関わったもっとも関わりの難しかったクライエントは、誰でもなく「私自身であった」という深い自意識である。精神障害をかかえて生きようとする当事者の社会復帰とは、常に私自身のいわゆる社会人としての「社会復帰」のテーマと同じレベルの課題としてあった。専門家である以前に、ひとりの人間として、市民として担っている〝あたりまえの生きづらさ〟に目を背けてはならないということである。

専門家が「答え」と「真理」の鍵を、常に握っているとする専門家神話は、すでに崩壊しつつある。巷では「専門家の当事者化」と、「当事者の専門化」がはじまっている。誰もが、「自分の人生の当事者」にならなければいけない時代のなかで、人から不当に支配され、管理される精神医療の現場は、健全とはいえない。

そんな精神医療の世界に、着実に「当事者の風」が吹いている。その風とは、そのような現状を嘆き、いらだち、告発しようとする風ではない。さわやかで、ユーモラスで、人の生きようとする力にさりげなく寄り添い、それでいてしたたかな風である。

「仲間の力」の項で、〝幻聴さん〟の影響で多い月には救急車に二十回以上乗ってしまうという統合失調症をかかえる青年を紹介した。彼は、べてるの仲間といっしょに〝幻聴さん〟に対する対処方法を編み出して以来、ぱったりと救急車に乗らなくなり、今は、地方講演のゲストスピーカーとして活躍している。

そして当事者研究をはじめ、つけた自己病名は「不安発作〝爆発〟攻撃型統合失調症救急車多乗タイプ」である。その彼が講演先で話したなかに、「専門家とのつきあい方」という話があった。

精神科医とのつきあいで、彼が特に大事にしてきたことは「決して本当のことを話さないこと」であった。これは会場の爆笑を誘った。それは、彼のなにげなく語る不安や苦労が、常に投薬に反映され、どんどん薬が増えていく心配のなかで身につけた必要不可欠な

「当事者の知恵」なのであった。

もっとおもしろかったのが、彼がこの十五年間、精神医療の世界で〝患者〟として垣間見た専門家の〝かかりやすい病名〟を紹介したことである。

まずは「過剰保護代理行為型不安心配症」である。当事者にストレスがかかり再発しないように、いつも先回りして心配し、何でも代わりにやってくれるという過剰な保護をやめられない専門家や家族に多い。それが、高じると「過剰心配型多剤投薬症」に陥ってしまう。

主治医の指示に従わず薬を飲まない当事者に対して、ついつい主治医もいらだち、「自信喪失型過剰管理脅迫症」になり、「このままじゃ、いつまでも退院できないよ」とか、なかには「私は精神保健指定医なんだから、入院させることもできるんだよ」という〝病状〟を呈するらしい。

病気のおかげで「自分を助ける」ことに秀でた当事者によって、「自分を助けることの困難」な専門家の姿が浮き彫りになりつつある。

おもしろい時代になってきた。

主治医の〝幻聴さん〟

毎週月曜日は、古巣の病院で非常勤のソーシャルワーカーとしての仕事が待っている。夕方、精神科病棟に顔を出すと、若手の看護師さんが声をかけてきた。

「向谷地さん、いいところに来た。相談があるんですが、ちょっといいですか。実はですね、Yさんのことなんですけど、最近、足の親指のツメをはぐ自傷行為が止まらないんですよ。私たちも、あれこれと話を聞いてみたり、注意してみたりと手を尽くしているんですけれど……。向谷地さんは、Yさんとは古いつきあいですので、ツメはぎをやめさせる妙案は何かないかと思いまして……。」

そう言うと、まわりにいた看護師も口々に彼の行為をどう理解していいのか思案にくれている様を語りだした。Yさんは、何度注意されても何のかいもなく再びツメをはぎ、血をにじませた足を引きずりながら、「看護師さん……」といって詰め所にやって来るらしい。思いあまって、「もう、処置してあげないよ」と半分おどしをかけても、まったく効きめがない。

Yさんは、五十代後半で統合失調症をかかえている。入院も長期になり、すでに三十年がたつ。退院のめどの立たない典型的な長期入院患者のひとりで、ベッドサイドの壁には、支離滅裂な呪文のようなことばがすき間なく書かれている。

数えると、私とのつきあいは彼が入院して数年たった頃からだから、長いつきあいだ。かつてYさんは、病棟のソフトボール大会でいつもホームランをかっ飛ばす強打者であり、「べてるの家」創設の基となった回復者クラブ、どんぐりの会のメンバーでもあった。

「そうですか。ちょっと、まず彼のところに行ってきます。」私は、看護師にそのように告げ、病棟内にYさんの姿を捜した。無精ひげを伸ばしたYさんは、案の定、喫煙コーナーの一角に座り、物思いにふけったようにゆっくりとタバコをふかしていた。「Yさん、こんばんは……、お久しぶりです。」そう言うと、Yさんは私のほうをちらっと見て、軽く会釈をした。私は、そのまま彼の隣のスペースにすっと割って、しゃがみ込んだ。

左足の親指には、痛々しく絆創膏が貼ってある。看護師の問いかけにもほとんど口を開かないYさんとのコミュニケーションの糸口を、とっさの判断で、彼の以前の仕事に関わる車の話から切りだすことにした。

「Yさん、お元気でしたか。ところでYさん、ちょっと相談があるんですけれど、実は私の乗っているホンダの車なんですが、ブレーキをかけると、タイヤのあたりからキューという変な音が出るんですけど、どこが悪いんでしょうね。まだ新しいんですが……。」そうたずねると、黙ってタバコを吸っていたYさんが重い口を開いてくれた。「そうだな。俺は、車はトヨタが好きだな。故障が少ないからな。いちばん、無難だな……。」私は、Yさんが意外なほどあっさりと口を開いてくれたことがうれしかった。

「そうですか、やはり、トヨタですか。最近、トヨタは販売が好調で、世界一の販売台数も夢じゃないようですよ。」そう言うと、若い頃、車の販売修理に携わっていた頃のことをポツポツと話してくれた。ウォーミングアップの会話が成立したところで、さっそく本題に入ることにした。

「ところで、Yさん、足の親指のツメの状態はどうですか?」すると彼は「だいじょうぶだ……」と言って口ごもった。「看護師さんも心配していましたよ。……Yさんもいろいろと大変ですね。」そう言うとYさんは、こっくりとうなずいた。「ツメをはがなくてはいけないなんて、つらいですよ。おそらくYさんもそんなことやりたくないと思うんです。いろいろと大変な事情があると思うんですが、たとえば、Yさんがまえから苦労している〝幻聴さん〟なんかも関係ありますか?」

そうたずねると、ぽつりと「そうだな……」と言ってタバコの煙をフーと吐き出した。

「やっぱりそうですか。それは、しんどいですね。ところで、その〝幻聴さん〟は、どんなことを言ってくるんですか？　きっと、いやなことを言ってくるんじゃないですか……。」

会話は、次第に核心に迫ってきた。急ぎすぎるとせっかく開きかかった扉を閉じられそうな微妙な空気のなかで、語らいは進む。

「先生だ……、先生が〝ツメをはげ〟って言ってくるんだ……。」

そのひとことを聞いて、私はまるで捜し物が見つかったような安堵感があった。

「先生の声ですか。それは、つらいですね。ところでYさん、その苦労を誰かに伝えたことがありますか。看護師さんたちは、それを知っていますか？」

そうたずねると、Yさんは静かに首を振った。「そうですか。ぜひ看護師さんに、この苦労を伝えませんか。きっとわかってくれますよ。ひとりで苦しむよりも、味方を増やすほうが安心ですよ。私も協力しますから……。」

そう言うと、遠くを見つめながら、タバコを吸っていたYさんが、はじめて私のほうに顔を向けてくれた。「Yさん、たとえばこんな作戦はどうですか。これから私といっしょに詰め所に行きます。そこで、私が、最初に看護師さんたちにこう言います。〝みなさん、ちょっとよろしいですか。Yさんが、看護師さんにお話ししたいことがあるそうです〟、そうしたら先ほどの〝ツメはぎ幻聴〟の話をする、というのはどうですか。」

黙って聞いていたYさんはひとこと「うん」と言った。「じゃあ、さっそく行動を開始しましょう」と言うと、Yさんもタバコの火を消してゆっくりと立ち上がり、いっしょに詰め所に向かって歩きだした。私は詰め所のドアのまえで、いったん立ち止まり、もう一度Yさんと先ほどの作戦内容を再確認した。そして、「さあ、行きましょう」と促し、詰め所のドアを開けた。

「こんにちは」というあいさつの声に、スタッフの視線は私たち二人に集まり、一瞬、静まりかえった。「みなさん、ちょっとよろしいですか。実はYさんが足の指の傷のことでみなさんにお話ししたいことがあるということで、いっしょに来ました。それでは、Yさん……。」そう言って私は、そっと彼の肩に手をのせた。「先生の〝幻聴さん〟が来て、〝ツメはげ、ツメはげ〟って言ってくるんだよね……。」Yさんが話し終えると、じっと聞いていたスタッフから「すごい！」という歓声とともに拍手がわきあがった。

Yさんのツメはぎという自傷行為は、その日からパッタリとやんだ。数日後、再びYさんの病室を訪ねた。「Yさん、〝幻聴さん〟が落ち着いてよかったですね。」そう言って私はYさんの手を握った。するとYさんも「うん」と言って重い口を開いた。

「向谷地さん、俺も退院したいな……。」

はじめて聞くYさんのことばだった。私はYさんの三十年を思うとき、こみ上げる感情でことばが見つからなかった。「退院しましょうね……。」私はそう言って再びYさんの手を握りしめた。

べてるから吹く風

北海道では財政破綻が危惧され、職員の削減と賃金の切り下げが進む。漁業と競走馬に代表される畜産業の低迷とともに、官庁の町である浦河は、官公庁の合理化の嵐が吹き荒れ、まるで潮が引くように人が減り続けている。耐用年数を残しながら、無残にも役割を終えて痛々しくたたずむ無人の官舎は、地域の現状と将来の不安を如実にかもしだす。

この現実は、この地で長年生きてきた私たちにとっては、決して予想外で、意外なものではない。生きることの困難さは、北海道のなかでもっとも弱く、小さく、遠ざけられてきた精神障害者にとっては、今にはじまったものではない。つまり、精神障害をかかえた当事者の現実に、地域が順調に近づいてきたともいえる。そして、「べてるの家」の歩みは、地域の過疎化と精神障害という病をもつ困難という二重の苦労のなかに育てられてきたことに意味がある。

先日、ある集会の席で「べてるの家のユーモアの源泉はどこにあるんですか」という質問を受けた。それに対して私はこう答えていた。「人間は、とことん行きづまると、最後には〝もう笑うしかない〟という心境になることがあります。そのようにべてるの笑いの原点は、究極の行きづまりと、とにかく今日一日を生きようとする生き方から生まれたものです。」

そのとき、私はふと、元体育教師で授業中の事故によって四肢麻痺となった星野富弘さんの詩を思い出していた。

よろこびが集ったよりも
悲しみが集った方が
しあわせに近いような気がする

強いものが集ったよりも
弱いものが集った方が
真実に近いような気がする

しあわせが集ったよりも

ふしあわせが集った方が
愛に近いような気がする
（『四季抄　風の旅』立風書房）

べてるの歩みを振り返り、幾多の出来事を思い起こしたとき、この詩に込められたメッセージが心に深く染み入る。

過疎化が進む人口一万五千人の浦河町に、年間にして「べてるの家」の訪問者がのべ二千五百人ほどやって来て、町内の旅館やホテルに宿泊する日数は約千日に及ぶ。精神障害者をかかえた家族や当事者をはじめとして、精神保健福祉領域で働く専門スタッフやさまざまな分野の研究者やその卵、国内の主要製薬メーカーのスタッフ研修の場としても活用されはじめた。それればかりでなく、高校の修学旅行のプログラムに「べてるの家」の見学やメンバーの講演が組まれるようになった。

また大規模災害が相次ぎ、防災に対する意識が国際的に高まるなかで、「べてるの家」が、国内の防災モデル地域を探していた国の機関の目に留まり、二〇〇五年に浦河町は

「高齢者と障害者を災害から守る防災地域」の指定を受けることになった。五月には国際会議が町内で開催され、世界各国から専門家が集った。べてるのメンバーも受け入れ準備に協力し、「べてるの家」が視察コースに組み入れられた。

なかでももっともうれしかったことは、モデル地域に指定されたことがきっかけとなり、「べてるの家」のＩＴ部門を担当していた統合失調症をもつ当事者である山根耕平さんが浦河駐在の防災担当非常勤スタッフとして国の採用となったことである。彼は、それがきっかけとなり、スイスやチュニジアで開催された国連のＩＴサミットに日本のスタッフのひとりとして参加し、「べてるの家」の活動を防災の視点から紹介した。

町の片隅にある、牧師のいない教会堂に集う精神障害をかかえた当事者の「社会復帰から社会進出へ」をキャッチフレーズにはじまった活動は、長い歳月を経て「べてるの家」の歩みとして結実し、今、静かに地域社会にあるひとつの存在感をもちはじめている。誤解や偏見の中身もだいぶ変わってきた。

「精神障害者は恐ろしい」「べてるは得たいの知れないところ」という〝誤解と偏見〟がいつしか、相変わらずの金欠にもかかわらず、「べてるの家はだいぶお金をもっているらしい」とか「次にあのビルを買収するらしい」というように変わってきた。そして「昆布も売ります。病気も売ります」というキャッチフレーズにあるように、べてる流の生き方、ビジネスの仕方が、本やビデオとなって発売されている。精神障害という病の体験と人並み以上の苦労の財産が、「ばらばら昆布」を代表とする商品群になり、さらにそれらが、北海道のなかでも際立って過疎地域にある「べてるの家」から全国各地に流通する時代が来るなどとは、誰も想像もしなかったことである。

このべてるの歩みを貫いてきた思いはただひとつ、「精神障害をもつ当事者の体験のなかには地域社会が学ぶべき有用な生活情報、地域の再生に向けた知恵が集積されている」という実感であった。当事者は、みじめな存在であるまえに、尊重されなければいけない有用な存在なのである。地域は、障害を体験した市民の経験を通じて、地域社会を変革していくことができる。その思いが、常に起業のエネルギーとなってさまざまな事業を起こすバネとなってきた。

何よりも大きな支えとなったのは、町内はもとより、全国各地の企業家との交流であった。ビジネスというフィールドで、人間の顔をした、人と社会にやさしい会社づくりを願い実践している企業人との交流は、実に新鮮で刺激に満ちた世界であった。

それに比べると、福祉や医療という、人の暮らしといのちを守ることを使命とする領域で仕事をしてきたひとりとして、自分たちの世界がいかにマンネリ化した〝たてまえ社会〟かということも思い知らされてきた。

ビジネスの世界にありがちな「利益の追求」と「人間性の尊重」という矛盾と、精神障害を体験した当事者のかかえる人生の矛盾が融合したとき、そこには、むしろ人間の顔をした新たな世界が創造されるような気がしている。「べてるの家」の試みは、そのためのささやかな実験である。

先日久しぶりに、「べてるの家」の理事長の佐々木実さん、代表の早坂潔さんと名古屋で開かれた異業種の交流セミナーに参加し、地域づくりに励む仲間たちと旧交を温めた。この交流は、すでに十年続く息の長いもので、「べてるの家」の活動の原動力ともいえるものである。

佐々木さんとは、一九七八年、退院のお手伝いをしたときからのつきあいである。三十代の凛々しい青年であった佐々木さんも還暦を過ぎ、潔さんとも最初の出会いは一九八一年だった。

時の流れを感じながら、「お互い年をとりましたよね」、そう言って笑う佐々木さんと、「俺、最近、ようやく自分とつきあえるようになったし、商売のおもしろさがわかってきた」という潔さんとホテルの近くの居酒屋で杯を交わしながら、しばし思い出に話を咲かせた。

「向谷地さん、いくら年をとっても夢はもっていたいですね……。」最近、めっきり涙もろい佐々木さんである。その目には、うっすらと涙が光っていた。

〝幻聴さん〟も成長しました

統合失調症は、ストレスや体質的な要因などさまざまな要素を背景に発症すると言われており、その結果、脳の働きに不具合が生じ、判断能力や意思決定能力とともに感情の制御に困難をきたす病気である。そのなかでも大変なのが、人の五感――視・聴・嗅・味・触――に異変が生じることである。

つまり、見えること、聴くこと、におい、食べ物の味覚、身体感覚に不調和が起きる。個人差は大きいが、人はその状況にさらされ続けると、現実と五感で感じることへの独特の理解と意味づけから、周囲との間に軋轢《あつれき》が生じ、そのことでますます混乱に拍車がかかるようになる。

今まで、ハリウッド映画でしか見たことのない〝ゾンビ〟が周囲に群がり、仲間の「おはよう」というあいさつが「あっちへ行け!」という排斥のことばとなって聞こえ、食べ物の味が苦くて「毒が入っている」と感じ、身体に「呪い」という文字が浮かんで見え、誰かに触られている不気味な感触にさいなまれたりする。

統合失調症をかかえる当事者と関わっていると、「心」の病と称される生きづらさの現実が、実は「からだ」にまつわるトラブルとして発現していることが多いことがわかる。つまり、当事者にしてみると、そのつらさや恐怖は、決して「幻」では片づけられないほどのリアリティーをもって自分をむしばみ、圧迫する。

ある当事者はしきりに「幻聴さんに殴られて痛い」と訴えてくる。実際に殴られたときの痛みと幻聴さんに殴られる痛みの差をたずねると、違いはわずかだという。しかも、「幻聴」ひとつをとっても、「正体不明の声」と実際の声との判別はきわめて困難だ。

あるとき、幻聴をかかえるメンバーに「幻聴と実際の声を見極めるにはどうしたらいいでしょうか」という質問を受けたことがある。私は、「耳をふさいでも聞こえるのが〝幻聴さん〟らしいよ」と答えた。

そのメンバーは、それ以外にもデジタルボイスレコーダーを常時持ち歩いて、識別が困難なときには、周囲の音を録音して聞きなおすという工夫もしていた。慣れてくると、自分がいる場の空気と、幻聴の内容の微妙なズレを察知し、次第に感覚的な識別が可能になる。

そのような識別を可能にするもっとも大切な条件は、「人と人との現実的なつながり感」である。つまり、ひとりの人間として尊重されている実感、気心が通じ合う人と人との具体的な人間関係のありようが、もっとも重要な識別の基盤となるのである。その意味で、統合失調症をかかえる当事者が、自分に起きている現実を包み隠さずありのままに相談できる関係が必要になってくる。

私は講演先などで、統合失調症をかかえる当事者に、「主治医との関係で、いちばん大切にしていることは何ですか」とたずねるようにしている。答えのなかに、当事者が置かれている状況がよく見えるからである。

いちばん多いのが、「決して本当のことを言わないこと」という答えである。それは、「自分に起こっていることを正直に話すと、病状が悪いと思われて、必ずといってよいほど薬を増やされる」のと、「入院させられる」という不安があるからである。

ある講演後、ひとりの当事者が「このまま、ただ年をとっていくのが不安です」と打ち明けてくれた。その不安は、ずっと以前からかかえていたものだという。「それは、あたりまえのことで〝正常な不安〟だと思いますが、そのことを誰かに打ち明けて相談していますか」とたずねると、誰にも話したことがないという。翌日に精神科の外来受診を控えているというので、「思いきって主治医に話してみるのはいかがでしょう」と提案すると、彼女は苦笑いをしながら「話してみます」と言って別れた。翌日、メールが届いた。

「抑うつ状態と診断されて、抗うつ剤を処方されました。予想どおりです。薬はごみ箱ゆきです！」

また、こんなエピソードも聞かされた。統合失調症をかかえるひとりの青年だが、毎日二十錠ほどの薬を服薬していて、仲間たちから、飲みすぎだと心配され、勇気をふるって主治医に「薬を減らしたい」と相談したところ、「君、大丈夫か？」と、注射を打たれたという。

そこには、いちばんつらいことを誰にも打ち明けることができずに、ひとりでかかえ込んでいる当事者の孤独がある。その意味では、〝幻覚&妄想大会〟に象徴されるように浦河ほど、当事者のかかえるさまざまな体験が赤裸々に語られ、〝露出〟している場も珍しいかもしれない。

二〇〇五年度、〝幻覚&妄想大会〟で、もっともべてるらしい賞である「ぱぴぷぺぽだ

った で賞」を受賞したのはのぞみさんである。幻聴や不思議な身体の変調に襲われ、恐怖や不安感が生じて引きこもっていたのぞみさんは、自分のかかえる大変さを仲間と共有し、ありのままに相談することを通して人とのつながりを取り戻しつつある。

そののぞみさんから、早朝、電話がかかってきた。

「向谷地さん！　たいへんだよ。首がボロッと取れたんだけど……。それで、怖くなって今、病院の救急外来に行って来たところなんだ……。」

首が取れたという緊急事態にもかかわらず、あまりの奇想天外ぶりに、私は思わず笑ってしまった。「ちゃんと、首を忘れないようにして病院に持っていったの？」「今電話で話しているのぞみさんに、首がちゃんとついているの？」などと、わけのわからない受け答えをしている自分もおかしかった。彼女もそんな問いかけに大笑いをしていた。のぞみさんからは、今でも毎日、近況報告のように電話がかかってくる。

「向谷地さん、このごろね、私の〝幻聴さん〟が成長したような気がするの。子どものようにわがままだったのにね。〝幻聴さん〟も大人になって、ものわかりがよくなってきたような気がする……。」

それは、〝幻聴さん〟以上にのぞみさん自身の成長の証しだった。

幻聴の小泉さん

二〇〇六年は新年早々に研修会の予定が入り、東京に出かけることになった。私は、研修会の講師としての役割以外に、もう一つの〝特別な任務〟を託されていた。このような任務は、おそらく人類史上はじめてかもしれないという高揚した気分と使命感（?）を背に、私は一路東京に向かった。

その〝特別な任務〟とは、べてるのメンバーであるのぞみさんからの依頼である。のぞみさんは、いつも身近に〝幻聴の小泉さん〟がいる。小泉さんとは「小泉総理」のことである。のぞみさんには、ちゃんと小泉さんの声が聞こえ、姿も目に映るらしい。その〝幻聴の小泉さん〟との関係は、なかば夫婦同然といってもいい。プロポーズは、幻聴の小泉さんからの「結婚してほしい」ということばだった。

彼女の日課は、携帯で小泉総理のスケジュールや動向を知ることである。ときどき、〝幻聴の小泉さん〟の間に割って入ってくるのが、〝幻聴の麻生外務大臣〟である。二人の関係を認めてくれているが、あまり本気ではないらしい。そこに、割り込んでくるのが

〝幻聴の森前総理〟である。〝幻聴の小泉さん〟に、いろいろと苦言を述べるらしく、のぞみさんもちょっと苦手のようである。のぞみさんが気がかりなのは、〝幻聴の小泉さん〟が、けっこう女性にもてることである。特に週刊誌で一時話題になった小池環境大臣との関係があやしいとにらんでいる。私は、栃木に講演に行った際、「私は、小泉総理と婚約しています」という統合失調症をかかえる女性の当事者と出会ったことがある。帰ってからさっそくのぞみさんに「栃木にライバルがひとりいたよ」と言うと、「小泉さんは、もてるからねぇ」とむしろうれしそうに笑った。

私はときどき、彼女を通じて〝幻聴の小泉さん〟にインタビューをすることがある。

「小泉さんは、靖国問題では、中国や韓国の反発を買っているけれど、本心はどうなの。」そういうと、すかさず彼女は「〝幻聴の小泉さん〟、あやまっているよ」と言う。その意味では、〝幻聴の小泉さん〟のほうが、政治家としてかなり柔軟性がある。

前置きが長くなったが、実は、年末にのぞみさんから一本の電話がかかってきた。「あのね、向谷地さん、困ったことが起きたんだけど……。実はね、一度、本当の小泉さんに会いたいと言っていたと思うけど、身体の右半分がね。朝起きたら、急に私を置いて小泉さんのところに行っちゃったんだよね。」自分でも、わが身に起きた異変の奇抜さに思わず笑いながらも、とまどう様子が目に見えて伝わってきた。「それは、大変だね。ところで、歩くのには差し支えないの。それと、右半分は、飛行機代はもしかして半額?」そうたずねると、歩くのには差し支えないのと、航空運賃は、どういうわけか無料だとのこと。その後である。彼女からの特命が私に下ったのである。

「向谷地さん、近いうちに東京に行くことないの? 実はね。お願いがあるんだけど、右半分を小泉さんのところから、連れて来てほしいんだけど……。やはり、半分がいないと何となく不便なんだよね。私からも〝幻聴の小泉さん〟に、向谷地さんが迎えに行くので、いっしょに帰すように頼んであるから……。」

さて、困った。数々の難問をくぐり抜けてきた私も、入院を渋る患者さんを迎えに行った経験は数多いが、〝幻聴さん〟を迎えに行った経験はない。しかし、この場合は経験的に前向きに行くしかない。「よーし、任せておいて。〝幻聴の小泉さん〟のところに行って、ちゃんと右半分を連れて来るからね。飛行機代は、無料なんだよね……。」私は、自信満々(?)に言い放った。「うわー、すごいね。向谷地さん、本当に小泉総理の友だちなんだね……。」

私が、〝小泉総理の友だち〟になったのには、ある経緯がある。車を運転中に、のぞみさんから携帯に電話がかかってきた。ちょうど私は、国会中継をラジオで聞いていた。のぞみさんから携帯に電話があったとき、ちょうど、小泉総理の施政方針演説が流れていたのである。私の携帯電話の向こうから聞こえてくる小泉総理の声……。以来、私は彼女のなかで、〝小泉総理の友だち〟になってしまったのである。

そのような経緯で私は、東京にのぞみさんの右半分を迎えに行くことになったのである。東京に着いてからも、彼女からリアルタイムで電話がかかってくる。「今、どの辺にいる？ 右半分に会えた？ 今ね、右半分はね、小泉さんとご飯を食べているみたい。」彼女は、声での会話以外に、その様子が見えるという。

私は、ライトアップされた国会議事堂を遠くに望む高層ビルのレストランで、食事をしながら打ち合わせをしていた。「今ね、国会議事堂が見える場所で、食事しながら打ち合わせ中だよ。」そう言うと、電話の向こうから彼女の歓喜の声が響いた。「すごい！ 小泉さんと食事してるんだ、私にも見えるよ。身体半分もいるでしょ……何か、右半分が帰って来そうな感じがする。この調子でよろしくお願いします。」もうこのまま突っ走るしかない。「了解、僕も右半分がいっしょに帰ってくれそうな感じがしてきたよ。任せておいて……。」そう言って、その夜は無事に暮れた。

翌日は、のぞみさんの右半分を連れて帰るという本番の日である。朝から早々と激励の電話ものぞみさんから入った。トルコへの外遊に同伴したのぞみさんの右半分は、首相官邸でくつろぎながら私を待っているという。研修会の講師の役目を終えた私は、夕方には北海道への帰路に着いた。私の隣には、本当にのぞみさんの右半分がいるような感じがした。

新千歳空港に着くなり、のぞみさんから再び電話が入った。「向谷地さん、右半分連れて来た?」私は、意を決して自信満々に言った。「ちゃんと連れて来たよ。僕は今日浦河には戻れないので、右半分は浦河行きのバスに乗せるからね。あと、三時間ぐらいしたら、着くと思うから、無事到着したら電話をちょうだいね……。」

それから、ちょうど三時間がたったとき、携帯のコールが鳴った。のぞみさんからだった。「無事、着いただろうか……」とドキドキしながら電話に出ると、弾むような彼女の声が響いた。「向谷地さん、ありがとう! 右半分が本当に帰って来たの。向谷地さんってすごいね。さすが、小泉さんの友だちだね……。」

私は、のぞみさんからの最大限の誉めことばにホッとしたと同時に、新たな〝幻聴さん〟の世界の豊かさと可笑《おか》しみに、言いようのない感慨を覚えていた。その後である。まだ、のぞみさんの身体の右半分を東京から浦河に移送するという〝大事業〟を成し遂げて成功の余韻に浸っていた私に、のぞみさんが言いにくそうに話しかけてきた。

「実はねぇ、向谷地さん……、右半分が帰って来てよかったんだけど、今度は、身体の左半分が東京の小泉さんのところに行っちゃったの……。」

冬のどなた

込み入ったスケジュールのなかでも時間を確保して、助言者の立場で欠かさず参加しているのが、ある町の高齢者の生活支援に関わるスタッフの地域ケア会議である。参加者はいつも十名から十五名ほどで、病院、行政、グループホームなどの機関や事業所のスタッフが事例をもち寄り、支援方法の検討をする。毎回、高齢者のケアに関わるスタッフが対応に困っている事例を報告する。その月の資料の表題は「嫉妬妄想をかかえる夫婦世帯への支援」で、事例は二題あった。

一例目は、アルコール依存症の夫を支えながら家庭を守り、三人の子どもを育ててあげてきた六十代の女性の例だった。糖尿病から併発した白内障からくる視力障害と、脳梗塞によって半身に不全麻痺をかかえ、ホームヘルプサービスを活用するようになったのだが、次第にヘルパーに対して「物がなくなった」「つくったものを持っていかれる」「布団に、あなたたちの臭いがしみついて困る」などと苦情を述べるようになった。最近は、特にヘルパーが夫とことばを交わすと、声を荒げて不機嫌になるとのことだった。

二例目は、要介護状態の八十代の夫を介護する女性についてだった。親戚とのちょっとしたトラブルをかかえ、不眠がちとなり、体調が思わしくない彼女の要請でヘルパーが派遣されることになった。そのうち「ヘルパーとお父ちゃんとの関係があやしい」と周囲にもらすようになった。思い込みは次第にエスカレートして、「お父ちゃんが、ヘルパーにお金を貢いでいる」となり、最近はしきりに「お父ちゃんに、女の影がある」と訴えるようになった。さすがに夫も「かあさんのヤキモチに悩まされている」とこぼし、そのストレスから食欲がなくなり、体重減少を招くという状況になっている。救いなのは、その女性が最近「頭がおかしくなってきたので、病院にかかりたい」と言っていることである。

以上の事例が紹介されると、他のヘルパーさんからも同様の悩みが寄せられた。そして、夫婦世帯へ支援に入るときには、夫婦関係に配慮し、立つ位置と座る位置、それぞれへの声かけの量、食事や掃除をするときの進め方、特に妻のプライドへ配慮することの大切さが確認された。そのプロ意識には、私も感服した。

その話を聞きながら私は、故郷(青森)で暮らす父親のことに思いを馳《は》せていた。もうすぐ八十歳になろうとする父はここ数年、急激に物忘れが激しくなり、怒りっぽくなって母をてこずらせている。幻視もあるようで、夜、入浴中の母に向かって「今、男が風呂場に入って行った。知らない男を呼ぶな」と怒ったりする。服の前後ろをまちがって着ているので指摘すると、「バカにするな」と逆上する始末である。時には、同居する弟との関係を疑うような言動をして、「どんなにボケたからといって、言っていいことと悪いことがある」と家族全員から怒りとひんしゅくを買っている。

病院へ行くことも、人に相談することも、がんとして受け入れず、「何ともない」という父親の態度に家族全員が困り果て、しきりに、元教育者としてのプライドが諸悪の根源だと言っていた。

そこで、さまざまなスケジュールを調整して実家を訪ねることにした。ちょうど一年前の冬の時期であった。私の実家訪問には長年、共に「べてるの家」の支援を担ってきた精神科医の川村敏明先生が同伴してくれることになった。先生と両親は、私の結婚式以来ということで二十年ぶりの再会であった。両親には「近くで講演があったので、ちょっと寄った」という形でおじゃました。一年ぶりに会う父は、小さくなっていた。小太りで、頭髪も濃く、張りのある声という面影は失せ、目はくぼみ、白髪が増し、声には力がなかった。

「僕といっしょに仕事をしている精神科の先生だよ」と言うと、「ほう、そうか。それは、それは……」と言って、何事もないように背筋を伸ばし、丁重にあいさつし、「息子がいつもお世話になっております」と応接間に先生を招く態度は、まさしく、元校長としての「教育者のプライド」そのものであった。それでも、一時間ほどの「診察」を通じて、意外なほどに父も自分の物忘れと「かんちがい」の苦労を語り、服薬にも同意した。

お茶と母の手作りのデザートをいただきながらの和やかなひと時を過ごし、帰ることになった。父親も、見送りのために玄関先まで来てくれた。川村先生も両親にあいさつし、車に乗り込んだ。

その時だった。帰り支度をしている私のところに父親が近寄り、私に耳打ちをするようにひとことつぶやいた。「あの方は、どなたさん?」私は、思わず腰が砕けそうになり、こみ上げる可笑《おか》しさを必死に抑えながら、「僕がお世話になっている精神科の先生だよ……」と言うと、「そうか、そうか。それはご苦労さんだね」と言って何事もないように、丁重に先生にあいさつをした。帰りの車中は当然のように「冬のどなた」の話で盛り上がった。

思い起こせば、私がちょうど二十歳の時、父は四十八歳であった。その時、祖母が亡くなり、はじめて父の涙を見た。当時、私にも、この瞬間が来るであろうことに思いを馳せ、記憶に焼きつけたような気がする。そして、長男が同じ年齢となった。時はめぐる。

そんなことに思いをめぐらしながら、意識を事例検討会に切り換えた。二つの事例をめぐる出席者の話し合いが一段落したとき、助言者ということで私にマイクが回ってきた。共通して起きてくる問題の裏側には、必ず共通した解決に向けたヒントが隠されているものである。私は、そこで父の話と日ごろ関わりのあるべてるのメンバーの話をした。

そして、老いて身体が弱り、人の力に依存することが避けられない現実となったとき、人はちぐはぐであっても、人間としての誇りを振り絞るようにして、それに立ち向かおうとする。そこで起きる周囲との軋轢《あつれき》と、自分では了解しきれない暗闇にも似た混乱のなかで、当事者は出口を必死に捜している。その当事者の思いを「もし、それが自分だったら」という現実感をもって想像をめぐらすことの大切さ、そして「すること以上に、何をしないかの見極め」の大切さを語った。

その晩、自宅に帰って久しぶりに実家に電話をかけて父と話をした。「食べるものをちゃんと食べて、寝るときは寝て、無理をしないで……。」たどたどしい口ぶりながら、そこには、相も変わらず教育者の顔をした父がいた。

V

バングラデシュ〝突撃在宅訪問記〟

1　なぜ〝突撃在宅訪問〟が決まったのか

バングラデシュのラルシュ・コミュニティー（以下、ラルシュ＝修道士によって設立――一九九七年――された障がい者支援施設）との出合いは二〇一二年の秋に私の知り合いから届いた一通のメールからだった。

「……友人であり、バングラデシュで八年間障害児者施設の責任者を務めている看護師の女性が『べてる』を見学したいと考えておられるようです。まだまだ、家の座敷牢で鎖につながれているバングラデシュ精神障害者の実情があります。ご自分から『べてる』に関する本をたくさんバングラデシュへ持ち込み、自室で学んでおられます。……きっと『べてる』から多くを学び、共感したいのだと察しています。ぜひお時間をとってお話してくださる機会があればと思います。」

その方が岩本直美さんだった。岩本さんは、日本の海外医療支援ではNGOの草分けであるJOCS（日本キリスト教海外医療協力会）ワーカーとして、長い間、途上国の医療支援、障害者支援に関わり、この十年は、バングラデシュのマイメンシン市（首都ダッカから一四〇キロ北にある人口六〇〇万人の都市）にあるラルシュに派遣され活動してきた。その活動で、いちばん心を痛めていたのが、地域で暮らす統合失調症をもつ人たちの現状であった。その岩本さんが、二〇一三年の三月に帰国活動の一環としての講演で北海道に来ることになり、浦河まで足を延ばしてくださった。私たちは、それを機会に岩本さんの歓迎会を兼ねて「カフェぶら」で学習の時をもち、バングラデシュにおける精神医療の現状を伺った。

岩本さんとの交流は、その後のやりとりのなかで、さらに具体的なものとなった。私たちのところに、岩本さんが先日出会ったという推定年齢が十四、十五歳ほどの女の子への対応のことで、メールが届いたのである。その子が、最初にいただいたメールに紹介されている「鎖に繋がれた女の子」だった。その子は、一見普通の中学生なのだが、小学校に上がるくらいの頃から、部屋の隅で蚊に刺されながらも（バングラデシュはとにかく蚊が多く、ダッカ空港到着時にも最初に歓迎を受けたのが、蚊の大群だった）、動かずにじっとしていることが多かった。母親との外出時も、突然に姿をくらまして、行方不明になり、数日後に飲まず食わずの状態で発見されて、家に連れ戻されるということをくりかえしていた。しかも、母親が付き添っていく学校でも、自宅にいても、深夜時間に外に飛び出してしまう（しかも、普通の人間は通れないような隙間から！）ので、やむなく鎖につながざるを得なくなっていたのである。治安の悪いバングラデシュで、深夜、女の子が街を彷《さま》徨《よ》うことはあまりにも危険で、それを考えると、両親をはじめ周囲の心配もよく理解できる。

「どこかに行ってしまうという以外は、日常生活に支障はなく、彼女の行動をどう理解したらいいのか、わからないでいます」という岩本さんのメールに私は、当事者研究の経験を参考に、次のような返信をした。

「メールありがとうございます。女の子のことをいろいろと心配する家族の様子が目に浮かぶようにわかりました。基本的な理解のポイントは、その子が自分を危険に陥れる、〝突然に飛び出して、行先不明になる〟という行動が、〝何かを解消する〟ために取っている意味ある行動（自分を助ける行動）である可能性です。もしかしたら、たとえば、その子なりに〝感じる何か〟がもたらす命の危険や恐怖、圧迫感から一時的にでも逃れられている可能性があるということです。しかし、その結果が、もっと心配な現実の危険をもたらすという悪循環が起きているように感じます。もし、そうであれば、対応としては、叱らない、注意しない、誰かひとりでもその子の苦しさをそのまま認めて理解しようとする人がいること、その〝現象〟の正体をその子とじっくりと対話を重ねながら、お互いに確認し、同じ目線でいっしょに対応策を編み出していく、ということでしょうか。もう一つは、一般論として、家族が暮らしている環境の見極めも大事になってくるかもしれません。可能でしたら、精神科医との連携も考えられます。」

その子にとって必要なのは、深夜、街に飛び出すという〝非行〟をとがめるのではなく、彼女の世界を理解し、いっしょに対応策を考える同労者だと考えた私は、岩本さんとのやりとりのなかで、「女の子に会いに行こう」と、初の海外〝家庭訪問〟を計画した。今回それが実現し、私は、べてるのスタッフの池松麻穂さん（ソーシャルワーカー）、自称「世界を飛び回る統合失調症患者」亀井英俊さん、医療ジャーナリストの神保康子さんといっしょに、三月一日の午前に成田を出発し、六日に帰国するというタイトなスケジュールであったが、バングラデシュ〝突撃在宅訪問〟を実行に移すことができた。

2　バングラデシュの現状

バングラデシュ（バングラ人の国という意味。人口一億五千万人）は、インドの東側に位置する小さな国で、日本でいうと北海道の一・五倍の面積に相当する。私の住んでいる北海道の人口は五六〇万人だから、一億五千万人という人口密度がいかに高いかを想像できる。バングラデシュは、一九四七年にイギリスから独立し、一時は西にあるパキスタンに対して「東パキスタン」と呼ばれていた。しかし、西パキスタンからの独立の機運が高まり、それが内戦へと発展し、その戦いのリーダーシップを取ったのがムジブル・ラーマンで、現在の女性首相シェイク・ハシナはラーマンの長女である。もともと、サイクロンの度重なる被害と国民の生活が疲弊するなかで、それが内戦へと発展し、バングラデシュの国民は、塗炭の苦しみを味わってきた。そのバングラデシュの窮状を世界に訴えたのが、団塊の世代には懐かしい女性フォーク歌手ジョーン・バエズだった。私は当時高校生だった。今でもジョーン・バエズが歌う「Song Of Bangladesh」（一九七二年）という歌のもの悲しく、しかし、強い意志でバングラデシュに連帯しようという迫力ある歌声が耳に残っている。歌詞に謳われた「太陽が西の彼方に沈みゆくとき、バングラデシュでは何百万人もの人々が死んでゆく……」というフレーズは、世界中の人々に関心を呼び起こし、復興の足掛かりとなった。

バングラデシュは、かつて「黄金のベンガル」といわれ、仏教が栄え、その後には長くヒンドゥー教とイスラム教とも共存するなかで独自の文化を育み、今でもさまざまな仏教遺跡やヒンドゥー寺院が残され、特にパハルプールの仏教寺院遺跡群は世界遺産としても知られている。一九七〇年代は、「世界最貧国」と言われたバングラデシュも、現在は「アジア最貧国」となり、毎年六％前後の経済成長率を遂げる国になりつつある。その原動力となっているのが「繊維産業」である。ユニクロに象徴されるように、世界の有名アパレルブランドを国内に構え、繊維製品の輸出額も世界第二位に達し、ダッカからラルシュのあるマイメンシン市に向かう国道沿いには、工場が密集し、車中から見える人だかりは、ほとんどが繊維工場で働く人たちで、「繊維」が国の経済を支えている様子がわかった。しかし、高度経済成長は、日本がそうであったようにさまざまなものを犠牲にしていく。その一つが「環境問題」である。

八人乗りのトヨタ製のミニバンをレンタルし、私たちは信号のない国道を、排ガスと人の波とリキシャ（自転車タイプの幌付きの三輪の乗り物）をかき分けるようにして走った。郊外に入ると、今度は赤茶けた土埃がそれに加わり、そのなかを猛スピードで走るミニバンの助手席に座った私は、シートベルトが壊れて使えないことに気がついた。そこで、ちらっと現地の運転手のほうを見ると、不安げな私の表情に気がついたのか「大丈夫！」というようにニコッと笑う。それで安心するわけではもちろんなく、ほとんど猛スピードでゴーカートに乗っているような気分になった。ヘッドライトが片方壊れている車や、スピードメーターの照明が壊れて、夜になると何キロで走っているのかがわからなくなることもあるが、バングラデシュでは、信号も標識もないので、そもそもメーターが不要なのかもしれないと腹をくくることにした。

目的地のマイメンシンは、ダッカから車で北に四時間ほど走ったところにある。ユニクロをはじめとする世界的に有名な衣料ブランドの工場進出が続き、それがバングラデシュを象徴するように、国道沿いには繊維関連の工場が軒を連ねていて、仕事を求めて多くの労働者が集まっていた。工場地帯を抜けると目に入ったのが、ブルドーザーで削り、そぎ落としたような赤茶けた国道の両側に広がるのどかな絵葉書のような美しい緑豊かな田園風景であった。これだけでも立派な観光資源になりそうな緑豊かな田んぼと、ため池の美しい田園風景を、ブルドーザーが切り裂くように道路が造られ、無造作に生活ごみが散乱していた。

国中に槌音が響き、経済的な豊かさを求めて、人々が蟻のようにうごめき、ひしめきあうなかで、頼れるのは〝自分〟である。現地で活動するNGOの日本人スタッフの説明では、バングラデシュでは、人々の暮らしを守るのは法律や制度ではなく〝自分〟であり、現地で暮らす人たちは「泥棒に入られても警察を呼んじゃダメ、もっと怖い」と言うらしい。困ったときには「話し合いではなく、喚くように自己主張をすること」が大切で、冗談のように「車で人を轢いたら、逃げる」しかなく、「轢かれたら、死んでないって、ちゃんとアピールする」ことが、生き延びる知恵だと教えられた。その意味では、話し合いで解決する文化とは、ある意味、ぜいたくなのだと思った。

しかし、生きることの過酷さを知っているバングラデシュの人たちは、優しく、たくましさにあふれている。それは、私たちを受け入れてくれた岩村直美さんが、「いつまでも、この人たちと暮らしていたい」といったことばに表されている。

健康保険制度もなく、一般的な医療が未整備で、伝染病や急性期疾患対策に追われるなかで、国内に精神科医が百五十人ほどしかいないバングラデシュは、国全体が精神医療の〝無医地区〟に等しい。そんななかで、今回の訪問のきっかけとなった鎖につながれている女の子と、さらには、統合失調症をかかえながら五年間、裸のまま座敷牢で暮らすことを余儀なくされている女性の自宅への〝突撃在宅訪問〟にチャレンジをした。

3　「現場で考える」ということ

〝突撃在宅訪問〟とは、浦河で培ってきた一つの実践スタイルである。私は、日高地域における精神医療の基幹病院でソーシャルワーカーとして仕事をしてきた。そして、地域の保健師を巻き込み、初発や再発に限らず、現場に足を運び、そこで対応策を考えるという「クライエントの場からの出発」（ゴールドシュタイン）を大切にし、家族や本人には、自宅の住所や電話番号入りの名刺を配り、「困ったときにはいつでも相談してください」と伝え、「いつでも、どこでも、いつまでも」の支援体制の構築をめざした取り組みを重ねてきた。

そのような実践の積み重ねから生まれたのが、いわゆる幻覚や妄想の体験でも、常にその現実を生き抜いている人自身の経験のなかに私たち自身が共に棲み、身を置くようなリアリティーを大切にしてきたことである。そのリアリティーとは、少しでも、当事者自身が味わっているであろう不安や恐怖心、孤独感の一部でも自分自身のなかに取り込み、それを想像しただけでも、私たち自身の身体が反応を呼び起こすような現実感をもつことである。それは、特に危機介入の場面において重要になってくる。大切なのは、私が精神医療の現場に入ったときに、異口同音に言われたクライエントとの「距離感」ではなく、むしろ本人とは、「関係の近さ――気心が通じ合う関係」を大切にし、一方では「自分との距離感」を見失わないようにすることである。「自分との距離感」が保たれ、「気心」が通じ合うと、「死ね！」「嫌われてるぞ」などという〝幻聴さん〟がつぶやく否定的なことばに圧倒されて人を拒絶しているメンバーであっても、実は誰よりもつながりを求めてもがいている様子が見えてくる。そんなときには、拒まれても、嫌われても、何事もなかったように機嫌よく、コツコツとその人の暮らし場に足を運び、「おじゃまします」「それでは、今日は帰ります」と一方的にでも声をかけ続けるなかで、生活の現場に〝落ちている〟ちょっとした手がかりを模索し、必要に応じて即興でＳＳＴ（生活技能訓練）をして、当事者研究を続けてきた。

今回、私たちの〝突撃訪問〟のイメージにあったのは、その実践経験がバングラデシュでどれだけ活かせるかということであったが、得たものは「いけそうだ！」という十分な手応えであった。

4　〝無茶ぶり訪問体験記〟

私たちは、ラルシュのゲストハウスに二泊三日おじゃまして、そこを拠点に家庭訪問（一日目は二班に別れて八家族訪問）、本人、家族を対象とした当事者研究、ラルシュのメンバー、スタッフとの交流会、ラルシュの障害者支援プログラム（絨毯と編み物の工房）（二日目）の見学、ラルシュのスタッフ研修とマイメンシン医科大学病院精神科の見学とヴィダン医師との面談、二回目の家庭訪問（三日目）と盛りだくさんの予定をこなした。

私は岩村さんと現地スタッフに案内していただき、メンバーの亀井さんとともに四家族を訪問することができたが、特に先にも紹介した鎖につながれていた女の子と、いわゆる〝自宅牢〟で衣服も身に着けずに暮らす女性宅への訪問、その家族を交えての当事者研究のセッションの場面を中心に紹介したい。

私たちは、〝鎖につながれている女の子〟以上に、岩村さんたち現地スタッフが心を痛めている〝檻〟で暮らす女性宅を訪ねた。三十代の統合失調症をもつその女性は、もう五年間も自宅のベランダを改装した〝檻〟で裸のまま暮らしていた。トタン屋根が一般的な家が多いなかで、コンクリートの家に住めるのは、お母さんが公務員（教員）をしていて、それなりの蓄えと年金があったことが伺える。

コンクリートの塀に囲まれた自宅を訪問して頑丈そうな鉄の門扉を開けると、目のまえに飛び込んできたのは、女性が暮らす四畳半ほどのベランダのような造りの「離れ」であった。その〝部屋〟は、床と天井が打ちっぱなしのコンクリートでできていて、窓のない飾り付きの鉄格子がはめられ、母屋とつながる鉄の扉も見えた。一年中、平均気温が三〇度を超え、暑いというイメージがあるバングラデシュでも、十二月から一月にかけては気温も下がり、最低気温が一五度を下回ることがあり、何よりも外同然の〝ベランダ〟では蚊にも刺される。玄関前の庭から私は、〝ベランダ〟に向かって声をかけた。

「〇〇さん、はじめまして、私は〝イク〟といいます。日本から来ました。突然ですが、今日、お家に寄らせていただきました……。」

それを岩村さんが通訳してくれた。すると、私たちを出迎えてくれた初老の母親が、鉄格子の隙間から、無言のままの娘に何事かを呟きながら、身体を覆う布を投げ入れた。すると、突然の男性の声に驚いたのか、娘は無言のまま布を身にまとった。

母屋の居間に案内された私たちに対して母親は、壁にかけてある愛くるしい赤ん坊時代の写真を指さしながら、娘が子どもの頃、いかに賢く優秀であったか、そして、愛情を傾けて育てたかについて涙ながらに語ってくれた。すると、突然、「誰か来てるの？」と元気な声でベランダから娘が母親に話しかけてきた。それは、どこにでもある普通の親子の会話にも見えた。「今ね、大事なお客さんが来てるんだよ。」そう言うと、娘は「じゃあ、今日は夕食に何を食べる……？」とたずねてきた。そう言ったかと思うと、娘は脈絡のない話を延々と続けている。その有様に母親は「わかったでしょ……」という表情を私たちに見せ、涙を拭うのだった。

十代で発症した娘は、一度回復し、結婚もして長男を授かった後、産後、再び発症し、再入院のかいもなく、回復しないまま離婚した。今、母親がいちばんつらいことは、父方に引き取られた中学生になる孫息子がときどき訪ねて来て、壁の向こう側から母親である娘に話しかける姿を見ることだという。

服薬も拒否し、暴力的になる娘を自宅で世話をするための最終手段が、ベランダを〝牢〟に改装し、そこに住まわせることだったのだ。

想像もつかない困難な状況をひとり背負ってきた母親の思いに耳を傾けていると、いっしょに訪問した統合失調症をもつ亀井英俊さんが「僕も娘さんと同じ病気です。ですけど、こうしてバングラデシュに来ることができました」と語った。すると、悲しみに暮れていた母親の表情に、ほんのりと笑みがこぼれたような気がした。私は、母親に翌日に計画されている家族教室へお誘いをし、帰り際、鉄格子の向こうにいる娘さんにも、あらためて声掛けをした。「どうもおじゃましました。今日は、来ることができて本当によかったです。これからも、よろしくお願いします。」

彼女と母親の今後について、まったくの手探りの状態であったが、今後のあらたな出会いに向けた期待を込めて、私たちはあいさつをして家を後にした。

次に向かったのは、岩本さんと事前にメールでやりとりをしていた〝鎖につながれた女の子〟の家だった。私たちは、道端でリキシャを拾って五分ほど走り、女の子の家の近くで降りて、トタン張りの家が立ち並ぶ狭い小路を進むと、珍しい日本人のグループに近所の子どもたちが次々に集まり話しかけてきた。きっと「何しに来たの？」「どこに行くの？」と聞いているに違いない。岩本さんの案内で到着した女の子の家の玄関先には、近所の子どもたちが鈴なりになって集まりだした。「ごめんね」そんなことばをかけながら、女の子の母親は、玄関の戸を閉めた。

トタン張りの家々が軒を連ねる住宅街は、一般的に八畳一間ほどの空間に台所、トイレ、寝室のすべてが用意され、家族全員がこのなかで暮らしていた。カラフルな民族衣装に身を包んだ母親は、岩本さんから説明を受けていた内容と同様の現状を切々と訴えてきた。そんな私たちのやりとりの傍らで、女の子は、来客者である私たちの存在を無視するかのように、「〇〇！　こんにちは」という岩本さんの声かけにも反応せず、背中を向けてベッドに横たわっていた。ベッドの脇には、通学用の日本製と思われる〝ドラえもんリユック〟が置かれ、柵には太い鎖が巻かれ、女の子の足首とつながっていた。そこで、私は母親に「娘さんが学校から突然にいなくなるのは、なぜだとお考えですか」とたずねてみた。すると、現地スタッフと母親は声を合わせるように、「学校が嫌いで、街で遊んでいたいのよ」と言った。それを聞いて、彼らのような人たちを怠けているとする、〝怠け者〟説は、世界共通なんだと感じ、私たちは顔を見合わせて思わず笑ってしまった。

そこで、私は同行した亀井さんを紹介した。亀井さんは「僕は統合失調症です。今もいろんなものが見えるし、聴こえたりして大変で、肩こり、目のつかれなどもありますが、元気でバングラデシュに来ることができました」とあいさつをし、幻聴や幻覚の症状に振り回される時代が長かったことを話してくれた。そこで、私は母親に言った。

「お母さん、亀井さんの話にもあるように、一つの可能性として、娘さんに怖い何かが起きていて、それから逃れるので必死だという理解はどうでしょう?」

すると岩本さんは、「ラルシュで明日、家族教室があるので、ぜひ来てみませんか?」と誘うと、母親は出席を約束してくれた。帰り際、私はベッドにずっと横になって身じろぎもしない女の子に声をかけた。

「○○さん、大変だけど、本当によくがんばってるね。今日は、これで帰りますけど、明日の家族教室でまた会いましょうね。」

5　バングラデシュではじめての〝当事者研究〟家族教室

翌日の午後に、私たちはラルシュのこじんまりとした多目的ルームをお借りして、二班に分かれ、訪問した八家族に集まってもらい、〝当事者研究〟家族教室を開催した。うれしかったのは、昨日、お誘いした二つの家族の母親と〝鎖につながれていた女の子〟も、ちゃんと華やかな民族衣装に身を包み、お化粧までして来てくれたことだった。

当事者研究は、日常生活のなかから興味深いこと、何とかしたいと思っている出来事などを素材に〝研究テーマ〟を求めて、自由自在に対話（ワイガヤ）を重ねながら対処方法などを研究（本当に研究する！）するという活動である。絨毯が敷かれた部屋に一〇人を超える参加者が半円に座り、私と亀井さんは、ホワイトボードが用意された正面の椅子に腰掛け、家族教室をはじめた。

最初のあいさつで私は、家族のかかえる苦労とそれを取り巻く社会の問題には、日本もバングラデシュも差がないこと、逆にあまりにも医療が中心になってしまった日本の〝遅れた現状〟と、地域ベースで考えられるバングラデシュの〝先進性〟について感想を話した。まさしく、私たちはこの地に学びに来たのだった。亀井さんの「病気になったおかげでバングラデシュに来ることができました」というユーモアたっぷりのあいさつで会場が盛り上がった後、さっそく家族教室をはじめた。

私が最初に声をかけたのは〝鎖につながれていた女の子〟であった。声をかけると、女の子は不安げな顔で母親のほうを向いた。すると母親の「がんばってね」という表情に背中を押されるように、照れくさそうな笑みを浮かべながら、まえに出てくれた。それは、昨日の印象とはまったく違っていた。私は、亀井さんを例に出しながら、当事者は、他の人には説明の難しい大変に苦しい圧迫感を感じながら暮らしていること、その意味では、彼女自身、こうしてここに来ていること自体がすごいことだし、本当によく頑張っているという感想を伝えた後にまえに進み出てくれた彼女に言った。

「今日、私や亀井さんといっしょに、セミナーの〝講師〟をしてもらえませんか？」

すると、参加者は彼女に応援の拍手を送った。日本でも、家族や関係者から「緊張しやすい」とか「人前に出るのが苦手」と言われている人たちが、突然に当事者研究を誘われて、人前に出たり、登壇して周囲を驚かせたりするということがある。そこで学んだことは、「当事者は自己表現の場を求めている」というものであった。それがバングラデシュでも〝証明〟された瞬間であった。

その後は、日本で私たちが行っている当事者研究そのものが展開された。おもしろかったのは、彼女に自分を〝圧迫しているものの正体〟をたずねたところ、小声で「野菜」と教えてくれたことだった。意外な答えに、私たちは「野菜?」とあらためて聞いてしまったほどである。そして、その野菜の正体は「カボチャのお化け」だったのである。「カボチャのお化けは世界初登場です!」そう言うと、会場は大いに盛り上がった。そして、何よりも私が感動したのは、彼女がそのカボチャを輪切りにしたようなイラストをホワイトボードに書いてくれたことだった。おもしろかったのは、彼女の近くには、いつも〝幻聴さん兄妹〟の〝リア〟と兄の〝ボドン〟がいたことである。その兄妹は、さみしさを紛らわせる〝友だち〟だが、嫌なことも言うとのこと。この辺のエピソードは、ほぼ日本のメンバーの研究と重なっていて興味深かった。

今後の研究のポイントは、彼女の突然の失踪に「カボチャのお化け」と「幻聴さん兄妹」が、どのように関わりをもっているかについて、時間をかけて、ゆっくりと対話を重ねながら理解し合い、次は〝失踪〟に代わる「新しい自分の助け方」を探すことが大切になってくる。当事者研究をしている仲間の実践経験から言うと、「カボチャのお化け」は、何らかの危機や苦労から彼女を避難させる役割を果たし、「幻聴さん兄姉」は、孤独の代償として彼女を助けている存在と見ることができる。そのように、当事者研究では「カボチャのお化け」や「幻聴さん兄妹」は、困った出来事でありながら、単純に排除したり、問題視したりはしない。彼女自身のかかえる、より本質的な苦労や危機から彼女を〝救済〟する役割を果たしている可能性をもつ〝不思議な現象〟と考えるのだ。家族教室を通じて私たちは、当事者研究が国境を越えて、いわゆる〝幻覚や妄想〟をもつ人たちの世界を知り、共に生き合うために有効な手段であるという実感を得ることができた。

私は急なお願いにもかかわらず、「講師」を引き受けてくれた女の子に感謝のことばを述べ、研究の成果として彼女自身が誰よりも友だちを求めていることがわかった、という感想を伝えた。すると、当事者研究の場面をじっと見つめていた昨日訪問した離れ（ベランダ）で娘の世話を余儀なくされていた母親が、女の子のもとに歩み寄り、しっかりと抱きしめ、「すごくよかったよ。私も今日からあなたの友だちよ」と頰ずりをした。私には、母親が女の子に、自分の娘を重ね合わせ、抱き寄せているように見えた。その光景を見た時、私のなかに「もう一度、あの〝檻〟で暮らす女性を訪ねてみよう」という思いが芽生えた。

6 「檻」から外へ

教室が終わった後、私は岩本さんや現地スタッフに急遽打ち合わせの時間を取っていただき、再度のベランダで暮らす女性宅の訪問を提案した。今回のいちばんの目的は、〝檻〟から彼女を出すことである。それを聞いた現地の女性スタッフは、「怖い」「自信がない」と言ったが、岩本さんが粘り強く説得してくれた。

そこで伝えたポイントは、彼女が生きている〝固有の世界〟に私たちがおじゃまする感覚で訪問すること、彼女の棲む〝固有の世界〟のボリュームに圧倒されないように、私たちも多くの人数を揃え、彼女への前向きな関心とつながりのボリュームをもち込むこと、最初は恐怖のあまり、抵抗されたり、荒いことばを浴びせられたりしても、〝場違いなほど〟優しく、いい機嫌で接し、ユーモアを欠かさないこと、であった。

もちろん〝檻〟から彼女を出すことは、何の解決にもならない。しかし、私は、このことを通じて今後に向けた〝大切な手掛かり〟がつかめそうな気がした。その作戦の第一歩として、翌日、現地の女性スタッフが事前に訪問し、〝檻〟に入って彼女に衣服をまとわせ、身支度を手伝う。その後に、私たち男性が訪問するという計画を練り、実行に移すことにした。

翌日、現地の女性スタッフが訪問し、衣服を着せて何とか庭に出すことに成功したとの情報を得て、私たちは岩本さんと日本チーム全員で現地に向かった。女性のお宅におじゃますると、ピンクの素敵な民族衣装を身に着けた彼女の頭を、母親がハサミで丸刈りにしている光景に出合った。彼女は母親に向かって「もう、いいよ!」とでも言っているように見えた。五年間、伸び放題だった髪の毛は〝シラミ〟だらけになり、切るしかなかったのである。その彼女に、日本から行ったワーカーの池松麻穂さんやジャーナリストの神保康子さんが、お土産をもって近寄り、話しかけた。すると、ふたりの背後に立つ私と亀井さんに気づいた女性は、私たちをにらみ、「あの男たちを追い払え」とでも言うようにまくし立て大声を張り上げた。

「日本からのお客さんだよ」と言ってくれる岩本さんの応援も虚しく、〝散髪〟を終えた彼女は、私を見るなり大声を張り上げ、私のほうに詰め寄り拳《こぶし》を振り上げようとした。

「今日は、いっしょに散歩しようと思ってきたんだよ。」そう話す岩本さんのことばに、申しわけなさそうな表情を浮かべた母親は、「もういいです! 今日は、この辺でやめましょう」と言いだした。すると娘は、岩本さんのことばを受けて、「散歩に行く!」と言いだし、門のほうに歩きはじめた。岩本さんは困惑する現地スタッフの表情を見やりながら、「向谷地さん、どうしましょう」と相談してきた。

そこで、長年の現場経験が私のスイッチを押した。「岩本さん、いっしょに散歩に行きましょう！」

そう腹が決まると、現地の女性スタッフ二人と岩本さん、池松さんが女性を囲むようにいっしょに歩きだした。近所の人たちも、路上に集まり、興味深そうに私たちを見ている。女性はそんなこともお構いなく、どんどんと歩きはじめた。すると、少し離れて先を歩いていた私を女性が見るなり、何事かをつぶやいて突然速足で近づいて来て、私の左腕を両手でしっかりとつかみ、いっしょに歩きはじめた。その光景を見たみんなは〝拉致されたみたいですね〟と言って笑った。

すると、はじめての散歩に戸惑う母親は「もういいでしょ、戻りましょう！」と娘に声をかけたが、五年ぶりの散歩である。娘は「帰らない」と言い張り、果ては「リキシャに乗る」と言いだした。それを聞いて母親は、あきれた表情でやめさせようと何事かをわめきだした。しかし娘は、そんな母親の心配を意に介せず、目の前に止まっていたリキシャに勝手に乗り込もうとして、板挟みになったリキシャの運転手も苦笑いをしている。「向谷地さん、どうしましょう。」再び、岩本さんが不安げに相談をしてきた。一方、娘は、私の腕をつかんでいっしょにリキシャに乗ろうと催促してきた。ここで再び私のいい加減スイッチが入った。

「乗りましょう！」

結果として、私は五年間、〝檻〟のなかで暮らしていた娘といっしょにリキシャに乗り、つかの間の散歩と〝デート〟をし、ラルシュにも立ち寄ることができた。つらかったのは娘に再び〝檻〟に入っていただく時であった。彼女は荒れて、電球を割り、私は久々の〝鉄拳〟振る舞われた。しかし、その痛みは、単なる痛みではなく、彼女の痛みに少しでも近づくためのつながりの一つのように思えた。

彼女が、母親の促しに従い、観念したように〝檻〟に戻り、壊れかけたソファーに座った時、私は彼女の傍らに腰を下ろし、「今日は、楽しかったですね」と話しかけた。すると彼女は、その前の興奮がまるでなかったように「今度、いつ来るの？」とたずねてきた。「また、遊びに来ますよ。その時は、よろしくね……。」私たちは、彼女に再会を約束し、後ろ髪を引かれるように家を後にした。

日本とアジア最貧国のバングラデシュ、文化や国情は違っても、そこに驚くほどの共通点があった。一つは、家族や本人のかかえる苦しみである。精神疾患に対する人々や社会の偏見、恐怖のなかで、家族や本人の日常の苦労は並大抵のものではない。そのためには、つねに生活に寄り添い、いっしょに歩む人の存在が重要性となる。二つめは、当事者自身の生きる現実にともに〝棲む〟感覚をもって関わりをもつ人の必要性である。それは、当事者研究や訪問を通じて実感したものである。三つめは、たらい回しの現実。日本もバングラデシュも同じだと思った。四つめは、地域や家族、当事者のもつ力への着目である。医療が貧しい分、バングラデシュでは日本以上に、地域をベースにした本来の精神保健福祉の実現が見込める可能性があると思った。五つめは、すでに述べたように、「当事者研究の経験が使える」ということである。特別なトレーニングや知識がなくても、「人々の知恵」として、活用、応用ができるような気がする。

私たちは、バングラデシュに出合うことを通じて、あらためて日本の現実に出合ったような気がする。昨年は、スリランカの精神医療の現場に足を運び、韓国でも当事者研究がはじまっている。これからも、人口ばかりではなく、医療の過疎化も進み、地域課題が山積する〝生きる苦労の先進地〟北海道浦河から、これからもアジア・アフリカのもっとも困難な現実に生きる仲間との出会いを求めて、当事者研究を携え、通い続けたいと思う。

「浦河べてるの家」　組織図

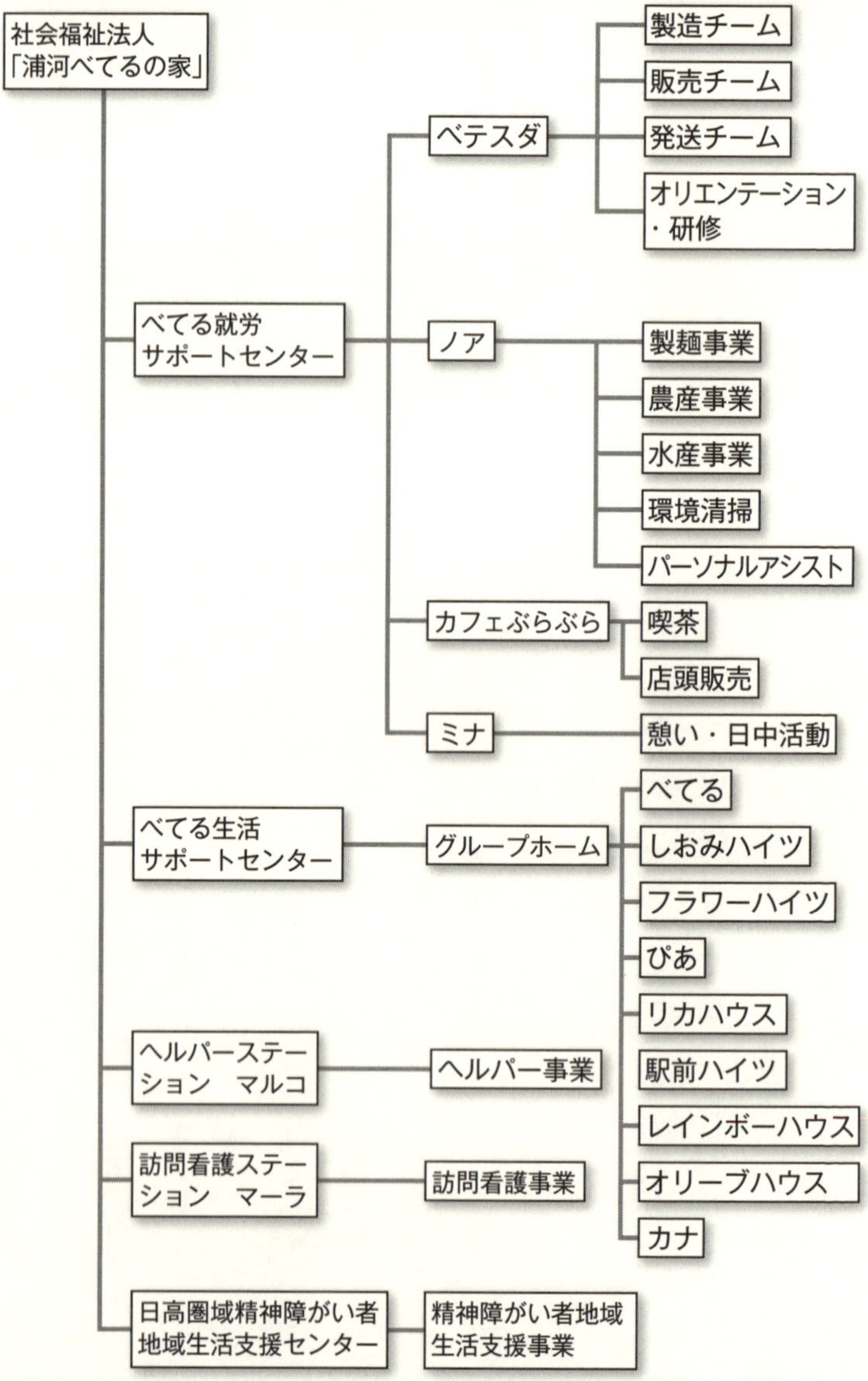
社会福祉法人
「浦河べてるの家」
べてる就労
サポートセンター
ベテスダ
製造チーム
販売チーム
発送チーム
オリエンテーション
・研修
ノア
製麺事業
農産事業
水産事業
環境清掃
パーソナルアシスト
カフェぶらぶら
喫茶
店頭販売
ミナ
憩い・日中活動
べてる生活
サポートセンター
グループホーム
べてる
しおみハイツ
フラワーハイツ
ぴあ
リカハウス
駅前ハイツ
レインボーハウス
オリーブハウス
カナ
ヘルパーステー
ション　マルコ
ヘルパー事業
訪問看護ステー
ション　マーラ
訪問看護事業
日高圏域精神障がい者
地域生活支援センター
精神障がい者地域
生活支援事業

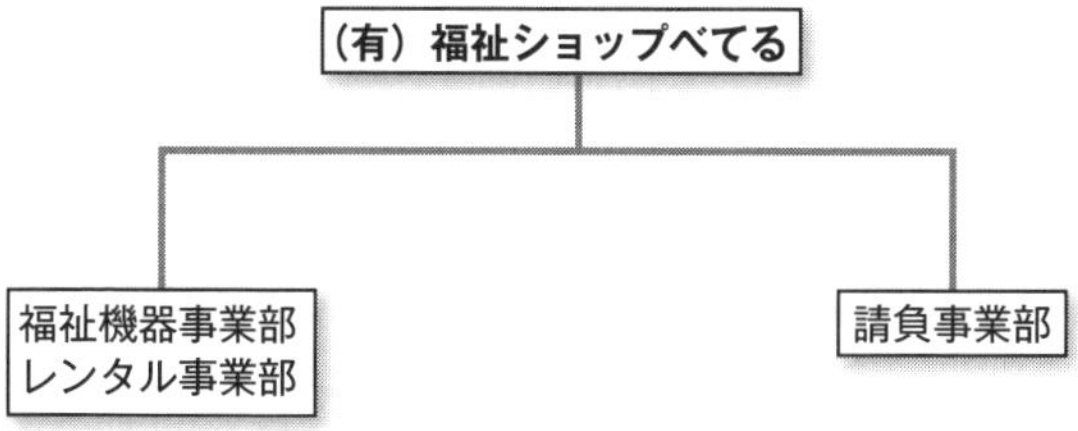

NPO法人
セルフサポートセンター浦河

・ピアサポーター育成／派遣
・研修事業
・地域交流事業
・国際交流事業

起業支援
・協同オフィス「いいっ所」

ホームレス支援
・べてぶくろ（池袋）

回復者クラブ どんぐりの会・家族会・
浦河の精神保健福祉活動を支援する会「ウレシパの会」

●べてるの家

〒057-0025　北海道浦河郡浦河町築地3-5-21
tel・0146-22-5612　fax・0146-22-4707
ホームページ　http://www.urakawa-bethel.or.jp/

「浦河べてるの家」は1984年4月に発足、2002年2月に社会福祉法人となる。主に日高昆布の産地直送や出版事業などの就労支援とグループホーム等の住居の提供（13か所）と有限会社「福祉ショップべてる」からなる共同体を称す。様々な障害をもった当事者の社会参加や社会進出のための多種多様な事業を展開し、現在16歳から70歳まで約150人が参加している。

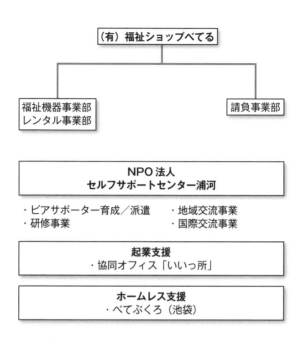

あとがき

振り返ってみると、「べてるの家」にまつわるさまざまなタイプの本を出版してきたが、単著はこの本がはじめてである。今までも、そのような誘いは数多くいただいたが、いつも、みんなで作り上げるというコンセプトで共著にこだわってきた。

その反面、日々刻々と起きるさまざまな出来事を、私の心もとない記憶の片隅にとどめておくことのもったいなさもいつも感じていた。そして、本書の企画意図である「精神障害をかかえる当事者が足を運ぶ教会への応援のメッセージを」との依頼が単著に踏み切るきっかけとなった。

しかし、今回の作業も単著でありながら、私自身の体験がことばに置きかわっていくプロセスを考えたとき、私の家族、「べてるの家」のメンバー、いっしょに汗を流してきた多くの関係者の協力によって出来上がった紛れもない「共著」であると感じる。

地理的にも、社会的にも、さまざまな悪条件に〝恵まれた〟浦河という町で二十八年まえにはじまった、慎ましくも壮大な「精神障害を生きる」という実験は、今も、続いている。現在では、「地域住民が精神障害者のことを理解している」とか「地域に受け入れられている」などという類の期待も数多く寄せられる。

しかし、私にとってそれは、いまだに目標でもなければ、成果としての実感でもない。むしろ、二十八年の時間を費やしながらも、ほんの一歩も進んでいないような現実を突きつけられることも少なくない。精神病をかかえて生きる困難から、やっと、〝安心〟というひとことを、実感をもってことばにしたとき、新たな苦労が、その〝安心〟を、仲間のいのちもろとも奪い取っていく様に向き合わされることもあった。

そんな日々のなかで大切にしてきたことは、〝にもかかわらず〟この今を生きようとしてきたことと、与えられた現実に不満をもたないという知恵だったように思う。そして救われたのは、どんなときでも「べてるの家」から聞こえてくる笑い声であった。

これからも「べてるの家」の歩みに足跡を残しながら、先に、人生という地上の旅を終えていった数多くの仲間たち……、その仲間たちの記憶を絶やさない営みを続けたいと思う。この拙著がその営みのひとつとして用いられれば幸いである。

最後に、この本の出版は、いのちのことば社のスタッフの辛抱強い支えがあってはじめて可能であった。深く感謝したい。なお、ここに寄せた文章の一部は、「生きる知恵、生きる力（文藝春秋・二〇〇六年臨時増刊号）」、日本基督教団出版局発行「信徒の友」、日本看護協会出版会「コミュニティケア」に掲載した文章を加筆修正したことも併せて記したい。

二〇〇六年三月

向谷地 生良

増補改訂版　あとがき

本著初版（二〇〇六年）が出てから早いもので十二年を数え、この間、べてるとべてるがある浦河の町、そしてそこからはじまった当事者研究は、想像もしなかった時代の変化を経験してきた。国立リハビリテーションセンターの災害から高齢者・障がい者を守る防災の研究（研究代表川村宏、二〇〇五年）を皮切りに、さまざまな研究機関や大学との共同研究に参画し、それを通じて海外とのネットワークが広がりを見せるようになった。特に二〇一二年からはじまった東京大学の先端科学研究技術センター（以下、先端研）やＵＴＣＰ（共生のための国際哲学研究センター）との共同研究は、二〇一五年に先端研に当事者研究講座の設立につながり、そのことによって当事者研究が哲学や科学ばかりではなく、研究者、臨床家、家族、本人、市民などの学際的な研究交流を促進する触媒の役割をも果たしつつある。

一方、浦河町では、二〇〇二年にべてるが社会福祉法人となり、地域生活支援に力を入れるようになると、浦河赤十字病院精神科（一三〇床）の入院患者が減り、ついに二〇一四年には、精神科病棟が休棟になり、地域ベースで治療や支援を展開する時代が到来し、ついに浦河が〝イタリア化〟するというあらたな段階を迎えた。そんななかで、べてるも就労支援、生活支援、訪問看護ステーション、訪問介護事業所を運営し、九十人のスタッフと百人を超える利用者が行き交う拠点として、地域のなかで存在感をもつようになった。

しかし、いつも忘れてはならないのが、統合失調症や依存症などをもちながらべてるを育んださまざまな人たちの生きた足跡である。特に、べてるが、べてるになるまえの黎明期の人々の物語こそ、べてるがべてるであり続けるための大切な〝命の源〟であり、原点だと思っている。その意味でも、この本は、時代が変われば変わるほど、多くの人たちに読み伝え、語り継いでいきたい大切なべてるの歴史の一コマがつづられている。

それを、このような増補版として刷新し、再び多くの皆さんのお手元に届くよう労をとっていただいたいのちのことば社の宮田真実子さんをはじめ、スタッフの皆さんに深く感謝をしたい。

二〇一八年二月

向谷地 生良

増補改訂
「べてるの家」から吹く風

2006年4月20日発行
2012年9月 1 日10刷
2018年6月 1 日増補改訂発行
2019年5月15日再刷

著者／向谷地 生良

装丁・デザイン／エムツーデザイン向谷地 弘
表紙・扉イラスト／鈴木裕子

発行 いのちのことば社
〒164-0001 東京都中野区中野2-1-5
編集 Tel.03-5341-6922
営業 Tel.03-5341-6920
Fax.03-5341-6921

印刷・製本 シナノ印刷株式会社

落丁・乱丁はお取り替えいたします。

Printed in Japan

ISBN978-4-264-03901-3